바위에 뿌리내린 소나무

이종우 회장은 경북 김천 출신으로 영남대학교 기계공학과를 졸업하고 1977년 한국호머공업을 설립하여 지금까지 경영하고 있다. 서울온수산업단지관리공단 이사장, KAIST 발전재단 이사, 스포츠 서울 이사를 역임하였고 현재 ㈜한국호머 회장, 학교법인 영남학원 이사. 송암 이종우장학재단 이사장을 맡고 있다. 2020년 교육발전에 기여한 공로로 국민훈장 모란장을 수훈하였다.

바위에 뿌리내린 소나무

초판발행 2021년 8월 31일
초판2쇄 2022년 2월 28일
지은이 이종우
펴낸곳 영남대학교출판부
주관처 영남대학교 소통협력처
펴낸이 최외출
디자인 0125스튜디오
일러스트 김동성
출판등록 1975년 9월 5일 경산 제16-1호
주소 경북 경산시 대학로280
전화 053)810-1801~3
FAX 053)810-4722
홈페이지 book.yu.ac.kr

값은 표지 뒷면에 있습니다.
잘못 만들어진 책은 바꾸어 드립니다.

바위에 뿌리내린 소나무

나눔이 삶을 결정한다

松岩 이종우 자서전

그 시절을 살아낸 우리에게
가난은 원죄와도 같은 것이었다

大富由天 小富由勤

대부유천 소부유근

큰 부자는 하늘이 만들지만 작은 부자는 근면이 만든다

凡戲無益 惟勤有功

범희무익 유근유공

놀기만 하면 이득이 없고 부지런해야 공을 이룰 수 있다

머리말

지난 80여 년의 삶을 되돌아보면 혼란과 격변의 우리 현대사를 온몸으로 겪으며 헤쳐 나온 세월이었다. 일제 식민지하에서 조선인으로 일본에서 태어나 그곳에서 2차 세계대전의 참상을 목격했고 조국의 해방을 맞았다. 그후 가족과 함께 귀국선을 타고 돌아온 고향 옴베미에서 6·25동란을 겪었으며, 1960년 4·19혁명, 1961년 5·16 군사정변 등 역사적인 사건들이 연이어 일어난 내 인생의 전반부는 이루 말할 수 없는 혼란한 시대였다. 이 시대는 나만 겪은 특별한 것이 아니고 그 시절을 함께 살아온 우리 세대라면 누구나 자신의 자리에서 어려움을 감당하고 이겨내야 했다.

격동의 시절을 살아온 우리 세대에게 가난은 원죄와 같았다. 나는 가난 때문에 어릴 때부터 작은 어깨에 지게를 져야 했고, 학교에 다니고 싶어도 가지 못했다. 그것이 한이 되어 군대 제대 후, 군무원 생활을 하며 주경야독으로 공부해 서른한 살에 대학을 졸업했다. 1969년 서울로 올라와 회사에 다니다가 1977년 한국호머를 창업하였다. 창업 초기에는 100여 평의 공장 구석에 제도기를 갖다 놓고 밤낮으로 기계를 설계하고 제작해도 조금의 피로도 느끼지 못했을 정도로 열정을 다했다. 이렇게 혼신의 힘을 다해 이루어 놓은 기업이 어느덧 44년의 역사를 가지게 되었다. 참으로 감개무량한 일이다.

지난 세월 가난으로 고생한 경험담은 신세대 젊은이들에게 딴 세상 얘기로 들리기도 하고, 이미 여러 차례 들었기에 식상할 수도 있다. 하지만 과거는 현재를 있게 하는 지표이고, 현재는 미래의 좌표가 되기 때문에 이 땅의 많은 아버지가 기억 저편에 묻어 두었던 얘기를 또다시 꺼내게 되었다. 그 시간을 통과해온 나의 이야기는 곧 동시대 아버지들의 이야기이기도 하다. 보잘 것 없어 보이는 한 개인의 삶의 기록이, 과거를 돌아보고 현재를 직시하며 미래를 조망하는 한 자락의 자료가 되었으면 좋겠다.

작은 규모이지만 내가 지금까지 장학 사업을 하는 이유도 후배들이 돈이 없어 배움의 기회를 놓치는 경우가 없게 하기 위함이다. 교육은 곧 국력이다. 전쟁의 참화 속에서도 우리나라가 선진국 문턱에 들어설 수 있었던 것도 교육의 힘이었다. 그래서 내가 벌여 놓은 장학 사업은 나의 생이 끝난 뒤에도 계속 이어지게 남은 힘을 다 쏟을 생각이다.

그동안 주변에서 자서전을 내라는 권유를 자주 받았지만 시도하지 않은 것은 내 삶을 온전히 성찰할 여유가 없었기 때문이었다. 나의 얘기들이 자칫 자랑이나, 오만으로 비춰질까 염려되어 망설여지기도 했다. 하지만 나의 지나온 삶이 취업난으로 어려움을 겪고 있는 20대 청년들에게 희망을 북돋우게 할 수 있다며 대학 측으로부터 집필 권유를 받았다. 이에 용기를 얻어 그동안 일기처럼 써 놓았던 자료들을 정리하게 되었다. 또한 자서전 형식이 아니라 대학생들이 지루하지 않고 흥미롭게 읽을 수 있도록 에피소드 중심으로 서술하면 좋겠다는 의견도 받아들여 과거의 기억과 대화 내용을 반추하여 쓰고자 했다. 회상하는 과정에서 약간의 착오와 꾸밈이 있을 수 있겠지만 최대한 사실과 다르지 않게 서술하고자 노력했음을 밝힌다.

명심보감에 "봄에 밭을 갈지 않으면 가을에 바랄 것이 없다(春若不耕秋無所望)"라는 구절을 좋아한다. 80여생 살아온 내 삶을 담은 짧은 글이 후손이나 후배들 가슴에 단 한 줄이라도 남아 봄과 같은 청춘의 밭을 가는 데 밑거름이 된다면 더할 나위가 없이 기쁘겠다.

이 글을 쓰는 데 힘이 되어 준 아내 신광순 권사, 5남매 아들딸을 비롯한 가족들의 성원에 고맙다는 말을 전한다. 책이 출판될 수 있도록 적극적으로 도와준 영남대 서길수 전 총장님, 최외출 총장님, 허창덕 소통협력처장님, 언론출판문화원 이종백 실장과 소통협력처 직원 여러분에게 진심으로 감사드린다.

2021.8

일산 서재에서

추천사

바위에 뿌리내린 소나무는 가난과 빈곤을 숙명처럼 받아들여야만 했던 근대화의 역경 속에서 천조자조자(天助自助者)의 에너지를 진솔하게 담아내는 이종우 회장님의 생애에 대한 서사이자 현재를 살아가는 우리에게 신뢰의 가치를 일깨우는 메시지를 전하고 있습니다.

이종우 회장님은 영남대학교의 명예로운 동문이며, 인생의 선배이자 삶의 가치와 본질을 끊임없이 고민하고 도전하는 우리시대의 진정한 영웅입니다.

오늘날 대한민국의 눈부신 발전이 세계의 주목을 받고, 국제사회가 한국의 압축 성장 경험을 전수받고자 하는 배경에는 과학기술을 통한 기술보국, 기술중심의 조국근대화를 꼽을 수 있습니다. 이러한 국가적 요구에 회장님은 기술혁신에 대한 끊임없는 도전과 집념으로 한국호머(Korea Former)를 설립하여 건축내장재와 냉간성형 분야에서 최고의 기술을 보유하고 우리나라 산업발전의 역군으로 기여해 왔습니다.

특히, 이 책은 산업화와 경제성장이 화두가 된 시기에서부터 오늘날 4차 산업혁명에 이르기까지 인본주의 관점에서 경영철학을 공유하고 근면, 봉사, 나눔의 실천이 얼마나 가치 있는 일인지, 미래세대에게 어떻게 꿈과 희망을 열어 가야하는지 그 방향을 안내해줍니다.

이회장님의 자서전은 학업에 대한 목마름이 항상 결핍으로 남았던 유년기의 안타까운 현실을 담담하게 보여준 일본 사야마(佐山)초등학교의 추억, 고학생으로 치열하게 버티고 인내했던 대학생활, 그리고 산업 역군이자 전문 경영인으로 성장하기까지의 매 순간을 담았는데 이는 현재를 살아가는 우리에게 음수사원(飮水思源: 물의 근원을 생각하고 그 근원에 대해 감사하라는 뜻)의 의미를 되새길 수 있는 특별한 여정을 경험하게 합니다.

마쓰시타 고노스케(松下幸之助)가 언급한 가난한 집안 환경, 허약한 체질, 배우지 못함으로 생기는 결핍의 순간은 우리 자신의 아픔이기도 합니다. 하지만 이 책은 고통과 시련의 아픔 그리고 신뢰와 나눔의 가치를 통해 매 순간 우리 자신을 단련시키며 인생을 변화시킬 수 있다는 삶의 가르침을 일깨워 줍니다.

코로나가 창궐하는 이 어려운 시기에 다른 사람이 필요로 하는 사람, 그러한 사람이 되기 위해 자아초월적 희생을 실천해 온 이회장님의 삶의 이야기는 우리사회가 더욱 필요로 하는 가치를 제공할 것입니다.

익숙했던 길에서 벗어나 낯선 길로 발걸음을 내딛어야 하는 환경은 언제나 큰 용기와 지혜가 필요합니다. 우리는 4차 산업혁명의 파고 속에서 사람이 항상 그 중심에 있으며 사람과의 작은 인연, 신뢰를 통하여 혁신과 변화에 대한 해답을 찾을 수 있을 것입니다.

끝으로 존경하는 이종우 회장님의 나눔과 봉사의 정신을 응원하며, 국가발전에 기여하고 따뜻한 마음으로 지역사회와 대학의 인재양성에 그 참됨을 실천하시는 모습에 거듭 박수와 감사를 드립니다.

2021.8

영남대학교 총장

최외출

차례

머리말

추천사

一章 蠻邦可行 만방가행

21 어머니의 떡시루

33 돌아와요 부산항에

43 엄마, 나도 학교 보내도

59 길은 하나가 아니다

69 두 번째 전쟁

77 옴배미 엿쟁이

83 대국에 가도 제 난 탓

二章 牛行虎視 우행호시

91 나를 그리고, 길을 보다

105 격랑의 시대

111 봄에 씨 뿌리지 않으면 가을에 거둘 것이 없다

121 쉰내 나는 청춘

129 양은 냄비와 숟가락 두 개의 연가

141 그대는 무슨 일을 하고 싶은가

三章　磨斧作針 마부작침

153 나의 결정이 진정한 내 모습이다
161 스프링 셔터 새길을 열다
167 짜장면보다 비싼 커피를 왜 마셔
177 회장님, 사업은 돈놀이가 아닙니다
187 한국호머 기술자립의 꿈을 현실로
201 경량형강 선두 주자 한국호머
209 물을 많이 주면 뿌리를 내리지 않는다
217 서울온수산업단지관리공단
219 일본 도야마 기계공업센터와 자매결연

四章　心系天下 심계천하

225 세상에서 가장 고소한 참기름
237 송암 이종우 장학재단 그리고 남은 숙제
241 우리나라엔 왜 노벨상 수상자가 없나
249 명예 공학박사 학위를 수여받다
255 건강하게 오래 살고 싶다면 베풀어라
263 국민훈장 모란장을 수훈하다

가계도

始祖: 慶州 李氏 1世 謁(알) 平(평)

⇨⇨ 中始祖

慶州 李氏 38世 / 陜川 李氏 1世: 開(개)(江陽君)

- 2世 仁(인) 永(영)
- 3世 焞(돈)
- 4世 謚(익) 瑞(서)
- 5世 存(존) 淳(순)
- 6世 德(덕) 孫(손)
- 7世 楔(설)
- 8世 元(원) 賁(분)
- 9世 良(양) 眞(진)
- 10世 圭(규)
- 11世 守(수) 長(장)
- 12世 芮(예)
- 13世 忠(충) 達(달)
- 14世 權(권)
- 15世 戀(연) 枝(지)
- 16世 繼(계) 仝(동)
- 17世 經(경) 綸(륜)
- 18世 夢(몽) 龜(구)
- 19世 時(시) 祐(우)
- 20世 漢(한)
- 21世 世(세)
- 22世 南(남)
- 23世 仁(인) 善(선)
- 24世 再(재) 秀(수)
- 25世 挺(정) 斗(두)
- 26世 光(광) 吾(오)
- 27世 永(영) 郁(욱)
- 28世 奎(규) 白(백)
- 29世 寅(인) 發(발)
- 30世 根(근) 洙(수)
- 31世 康(강) 基(기)
- 參知公派 32世 鍾(종) 佑(우) / 신광순

33世:
- 昌(창) 益(익) / 박예랑
- 惠(혜) 玉(옥) / 윤태준 — 서영·서진
- 惠(혜) 珠(주)
- 惠(혜) 榮(영) / 강성욱 — 우진·동윤
- 賢(현) 熙(희) / 권보선 — 지안

34世: 相(상) 允(윤), 相(상) 敏(민)

一章 蠻邦可行

만방가행

어머니의 떡시루
돌아와요 부산항에
엄마, 나도 학교 보내도
길은 하나가 아니다
두 번째 전쟁
옴배미 엿쟁이
대국에 가도 제 난 탓

言忠信行篤敬蠻邦可行 언충신행독경만방가행

말이 성실하고 신의가 있으며, 행실이 돈독하고 경건하면

오랑캐 나라에서도 행할 수있다.

어머니의 떡시루

밥 먹게 일어나라고 깨우는 엄마의 차가운 손을 피해 나는 이불 속으로 파고들었다. 오사카에서부터 계속된 매일 아침 익숙한 아침 풍경이었다. 결국 엄마의 집요한 손에 항복을 하곤 잠이 덜 깬 눈을 비비며 밥상 앞에 앉았다. 일하러 가는 아버지와 학교에 다니는 형은 벌써 밥그릇을 반은 비웠다.

오늘따라 엄마는 뭐가 그리 바쁜지 부엌에서 나올 줄 모른다. 아버지와 형이 나가고 뒤늦게 아침밥을 다 비운 나는 엄마가 있는 부엌으로 갔다. 부엌 한편에 놓인 떡시루에서 하얀 김이 모락모락 피어오르고 있었다.

일본으로 올 때 엄마가 챙겨온 떡시루였다. 엄마는 그 떡시루를 소중히 다뤘다. 자주 쓸 일은 없었지만 늘 깨끗이 씻고 닦았다.

"엄마, 아침 안 먹나?"

막내둥이가 제법 걱정하듯 툭 던지는 말에 엄마는 말없이 웃으며 떡시루를 내렸다. 엄마 옆에 쭈그리고 앉아 김이 모락모락 피는 떡시루를 바라보던 나는 물었다.

"엄마, 오늘 무슨 날이가? 떡은 왜 하는데?"

이마 위로 늘어진 머리카락을 쓸어 올리며 엄마는 싱긋 웃었다.

"새로 이사 왔으니 동네사람들한테 인사할라꼬 안 만드나. 이따 종우가 누나랑 같이 돌려래이."

떡시루에 덮인 삼베보자기를 벗기자 붉은 팥고물을 얹은 시루떡이 먹음직스러운 모습을 드러냈다. 나도 모르게 마른 침을 꼴깍 삼켰다. 그 모습이 귀엽기만 한 엄마는 잘 익은 팥고물을 한 점 떼어내 입에 넣어줬다. 팥고물의 달고 고소한 맛이 입안을 가득 채웠다.

우리는 원래 오사카에서 살았다. 1930년대 당시 일본 군수공장에서 기술자로 일하던 외삼촌이 불러서 왔다고도 하고, 당시 많은 조선인들이 군수물자 조달을 위해 일본으로 강제로 끌려온 것처럼 아버지도 그랬을 거라고 하는데, 어린 나로서는 알 도리가 없는 일이었다.

다만 막일을 하던 대부분의 조선 사람들과는 달리 외삼촌과 아버지는 기술자로서 어느 정도 대우를 받고 있었다는 사실이 어린 내게는 자랑이었다.

하지만 일본이 일으킨 전쟁은 곧 모두의 평온한 일상을 앗아갔다. 일본의 진주만 공습으로 오사카를 비롯해 일본 주요 도시에 미군의 공습이 이뤄졌고, 하루가 멀다 하고 공습경보, 경계경보가 울렸다. 그럴 때마다 눅눅한 곰팡이 냄새 가득한 지하 방공호로 대피해야 했다. 캄캄한 방공호에서 엄마 품에 안겨 콩닥거리던 내 가슴보다 더 쿵쾅쿵쾅 울리는 엄마의 가슴에 기대 잠든 날이 많았다.

간밤에도 공습경보가 울렸다. 평소처럼 지하방공호로 대피했다. 포탄이 터지는 소리가 더 가까워졌다. 방공호 안에는 평소보다 무거운 침묵이 흘렀다.

나와 몇몇 아이들은 어른들 몰래 방공호 입구로 나와 전투기에서 쏟아내는 소이탄과 전투기 꼬리로 길게 뿜어져 나오는 비행운을 신기한 듯 바라봤다. 그리고 쏜살같이 지나가는 미군 전투기를 격추하기 위해 일본군이 쏘아올린 곡사포 포탄이 맥없이 포물선을 그리며 떨어지는 모습을 보며 어린 마음에도 '이 전쟁은 일본이 지겠구나!' 라는 생각을 했다.

간밤의 길었던 공습이 지나가고 이른 아침 아버지는 집을 나섰다. 그런 아버지의 뒷모습을 엄마는 불안한 듯 오랫동안 바라봤다. 짙은 안개마냥 가득한 연기가 동네를 감싸고 있었고, 포염의 매캐한 냄새가 코를 찔렀다.

공장으로 나갔던 아버지가 맥없이 풀어진 모습으로 돌아왔다. 엄마는 이미 예상이라도 한 듯 아침 일찍부터 짐을 싸고 있었다. 아버지는 마루 위에 힘없이 걸터앉아 동네를 감싼 뿌연 연기를 바라보기만 했다.

오사카에 미군의 대규모 공습이 시작되면서 결국 우리 아버지가 다니던 군수공장도 폭격으로 잿더미가 됐다.

며칠 후 우리 집도 미군 공습을 피해 피난을 가게 됐고, 야마구치현(山口縣) 야마구치시(山口市) 시골마을 사야마(佐山)에 짐을 풀었다.

사야마는 군수시설들이 없는 시골 산간지대라 미군공습으로부터 비교적 안전했다. 전에 살았던 오사카와는 비교도 할 수 없는 시골이었지만 공습경보와 경계경보가 없는 것만으로도 좋았다. 더 이상 한밤중에 자다 일어나 곰팡이 냄새 가득한 방공호에 숨지 않아도 됐고, 친구들을 잃지 않아도 됐기 때문이었다. 이곳에서도 가끔 사이렌이 울리긴 했지만 대부분 지진대피 신호였다.

이곳에 와서 또 좋았던 건 학교에 입학한 것이었다. 일곱 살이 된 나는 사야마(佐山) 초등학교에 입학했다. 세 살 많은 누나도 함께 학교에 들어갔다. 전쟁 통이라 수업이 제대로 이루어지진 않았지만 학교에 가는 것이 그저 좋았다. 수업 중에 가끔 지진대피 사이렌이 울리면 방공모를 쓰고 학교 뒤 대나무밭으로 피신하는 것도 재미있었다. 오사카에서 공습을 피해 방공호로 대피하는 것에 비하면 오히려 재미있다는 생각도 했다. 하루에도 몇 번씩 지진 사이렌이 울릴 때도 있었지만 내게는 여전히 재미있는 놀이처럼 여겨졌다.

일곱 살 유년의 평화로운 날들이었다.

1945년 8월, 학교에 입학하고 첫 방학을 맞았다. 한낮이면 33도까지 올라가는 무더위가 계속 됐다. 연합군 쪽으로 전세가 기울고 있다는 뉴스가 간간히 들려왔지만 전쟁은 지루하게 계속 이어졌다.

방학이라 늦잠을 잔 나는 아침을 먹는 둥 마는 둥 대충하고 마당으로 나왔다. 하늘을 올려다보니 구름 한 점 없이 맑은 하늘이 파랗게 펼쳐져 있었다. 학교를 안 가니 딱히 할 게 없었다. 그렇다고 집에만 있자니 좀이 쑤셔서 안 되겠고, 늘어지게 기지개를 켠 나는 집 밖으로 나섰다.

혼자 동네를 어슬렁거리는데 오늘따라 사람들이 잘 보이지 않는다. 그러고 보니 우리가 세 들어 사는 노부나가(信長)씨네 식구들도 오늘 아침엔 못 본 것 같다.

나는 개울가로 나갔다. 잔잔한 수면 위로 파란 하늘이 비쳤다. 물수제비를 날리니 파란 하늘에 물결이 찰랑거렸다. 물가에 떼를 지어 다니던 피라미 새끼들이 물수제비에 놀라 확 흩어졌다 다시 뭉쳐 발등을 간질였다.

갑자기 주위가 어둑해졌다. 수면을 비추던 파란 하늘이 어느새 검게 변해 있었다. 고개를 들어 하늘을 보니 온통 시커먼 먹구름이 하늘을 뒤덮고 있었다. 나의 작은 목덜미에 소름이 돋았다.

부르르 몸을 떨며 개울에서 나와 집으로 향했다. 집으로 돌아오는데 하늘에서 종잇조각들이 날리기 시작했다. 어디서 왔는지 모를 건물 잔해들도 날아다녔다. 덜컥 겁이 났다. 집으로 마구 달렸다. 집에 오니 엄마와 형, 누나가 마당에 나와 걱정스런 얼굴로 하늘을 바라보고 있었다.

1945년 8월 6일 아침 8시 15분, 우리 집에서 150km 정도 거리에 있는 히로시마(広島)에 원자폭탄이 투하됐다. 3일 뒤인 9일 나가사키(長崎)에 두 번째 원자폭탄이 투하됐고, 8월 15일 일본천황은 항복 선언을 했다.

마을회관에 모여 방송을 듣고 있던 사람들의 어깨가 파도치듯 들썩였고 곧 훌쩍이는 소리가 들려왔다. 가만히 고개를 숙인 채 눈물을 흘리는 사람, 두 손을 모으고 기도하는 사람 등 패전의 현실을 인정하는 듯 모두들 침통하고 비통한 분위기였다.

그날 아침 하늘을 온통 뒤덮었던 검은 구름과 하늘에서 내리던 종잇조각들, 건물 잔해들이 히로시마에 투하된 원자폭탄 때문이었다는 걸 그제야 알았다.

투박한 옹기 떡시루,

70여년의 시간도 지우지 못한 어머니의

온기가 고스란히 전해졌다.

2004년 1월 야마구치현 사야마

●○●

나는 1938년 오사카부(大阪府) 사카이시(堺市)에서 태어났다. 1944년 야마구치시(山口市)로 피난을 가기까지 그곳에서 보냈다.

1940년 일본이 독일, 이탈리아와 삼국동맹을 맺자 미국은 미국 내의 일본자산을 동결하고 석유 및 기타 전쟁필수품의 대일본 수출을 금지했다. 1941년 7월에는 일본과의 모든 상업, 금융관계를 단절했다. 그리고 1941년 12월 7일, 일본은 미국 하와이 주의 오하우섬 진주만(pearl harbor)에 정박해 있던 미 태평양함대를 기습 공격하면서 태평양전쟁을 일으켰다. 이 사건을 계기로 미국은 일본에 대한 선전포고를 하면서 제2차 세계대전에 연합국의 일원으로 참전하게 되었다.

미군의 일본 본토 공습은 1944년을 기점으로 본격 시작되었다. 그중에서도 당시 일본 제2의 도시이자 최대 상공업 거점이었던 오사카는 미군의 주요 공습 타깃이 되었다. 아버지와 외삼촌이 다니시던 군수공장도 그때 폭격으로 잿더미가 됐다.

그래서 유년기의 대부분을 지낸 오사카에서의 기억은 거의 대부분이 전쟁과 관련된 것들이다. 전쟁의 한복판에서 보낸 시기였으니 어쩌면 당연한 일일 것이다. 그만큼 어린 아이의 눈에도 전쟁은 막연한 공포였고 한편으론 생생한 현실이었다. 어두운 지하 방공호의 눅눅한 곰팡이 냄새, 어둠 속에 웅크린 어른들의 무거운 침묵, 숨넘어갈 듯 끊임없이 이어지는 공습경보 사이렌, 그리고 어두운 방공호 입구를 통해 번개처럼 번쩍이며 지나가는 불빛들, 내 유년의 기억들은 그렇게 채워져 있다.

전쟁은 이처럼 너무나 평범해야 했을 내 유년의 기억을 저 멀리 떠밀어냈다. 물론 그 안에는 공장에 기술자로 일하시던 아버지에 대한 자랑, 가족을 위해 언제나 넓은 바다처럼 안아주시던 어머니의 사랑, 막내인 나를 챙겨주던 형과 누나, 우리 가족의 소소한 일상들이 있었다. 그리고 우리가 세 들어 살던 노부나가(信長)씨네처럼 친절한 이웃과 조선인인 누나와 나를 따뜻하게 대해주신 이마이찌(今地) 선생님 같은 분도 있었다.

비록 전쟁 통에 한 학기 밖에 다니지 못했지만 사야마 초등학교는 내게 각별한 곳이었다. 이때만 해도 나는 학교란 곳은 누구나 나이가 되면 당연히 가는 곳이라 생각했다. 그러나 나의 삶에서 학교는 오랜 시간 허락되지 않았다. 그만큼 사야마(佐山) 초등학교에서의 한 학기는 내게 소중한 시간이었다. 그 시간은 60여년의 세월을 지나 내게 또 하나의 소중한 추억을 안겨주었다.

1944년 당시 우리가 세들어 살던 집주인의 아들인 노부나가(信長)는 형의 2년 후배였다. 1980년부터 형과 노부나가는 서로 연락을 주고받으며 지냈다. 그러던 중 노부나가씨의 장남이 일본의 통운 회사 서울 지점장으로 오면서 아들 덕에 그는 서울에 자주 여행을 왔다. 형을 통해 나도 가끔 노부나가를 만났는데, 비록 한 학기 밖에 다니지 못했지만 사야마 초등학교를 꼭 다시 한 번 가보고 싶다고 했다. 그랬더니 당시 사야마 초등학교 학부모회장을 맡고 있던 노부나가가 우리 가족을 직접 초청해줬다.

2004년 1월 가족들과 함께 다시 찾은 모교는 어릴 적 기억 속에 남아있던 모습과 달리 작아 보였다. 내가 다닐 때만 해도 전교생이 600~700명 정도였는데 이제는 전교생이 117명인 작은 학교가 되어 있었다. 어느덧 140여년의 전통을 자랑하는 학교가 되었지만 우리나라의 대부분 시골학교들처럼 나의 첫 모교도 비슷한 상황을 겪고 있는 듯해 마음이 무거웠다.

사야마(佐山) 초등학교 출신인 여교장 요시야마(吉山) 선생님은 "우리 학교에 다녔던 여러분의 선배가 59년 만에 다시 찾아왔다"며 나를 소개했다.

"제가 이 학교에 다닌 것은 불과 6개월 정도 밖에 되지 않습니다. 1946년 3월 한국으로 돌아갔지만, 몇 년 뒤 한국전쟁이 발발하고 저는 무척 어렵고 힘든 시기를 보내야 했습니다. 그래서 학교를 제대로 다닐 수 없었습니다. 그런 제게 비록 어린 시절 짧은 기간이지만 사야마 초등학교에서 보낸 시간이 특별하고 특히 그리운 시간들이었습니다."

짧은 인사말을 하는 내내 나의 목소리는 가늘게 떨렸다. 짧은 시간이었지만 당시의 기억들이 낡은 사진처럼 지나갔다. 치밀어 오르는 목울음을 아프게 누르며 뜨거운 감회를 속으로 삼켰다.

학교 방문을 마치고 우리는 노부나가네 집으로 향했다. 우리가 세 들어 살았던 아래채는 없어지고 그 자리엔 잡풀만 무성히 자라 있었다. 마당에서 호작질을 하고 골목을 어슬렁거리던 어릴 적 내 모습이 오버랩 되며 한동안 집터를 떠나지 못했다.

그런 우리들 앞에 노부나가가 커다란 옹기 떡시루를 가져왔다. 나는 한눈에 어머니의 떡시루라는 것을 알아봤다. 눈시울이 뜨거워졌다. 투박한 옹기 떡시루를 만지자 고스란히 어머니의 온기가 느껴졌다.

"어머니께서 우리 집에 세 들어 살던 조선 사람이 귀국할 때 주고 간 야키모노(燒物, 도자기)라고 하셨습니다. 어머니가 돌아가시고 창고 속에 오랫동안 보관했었는데 몇 년 전에 꺼내보니 밑에 구멍이 여러 개 있어서 화분이라고 생각해 꽃을 심고 화분으로 썼습니다."

노부나가의 설명을 듣다 문득 야마구치시로 이사를 왔던 날의 기억이 떠올랐다. 짐을 풀자 말자 어머니는 떡시루를 꺼내 씻고 닦으시며 "새로 이사를 오면 떡을 만들어 이웃들에게 돌리는 게 우리 전통"이라고 하셨다.

다음날 아침 모락모락 하얀 김이 나는 고슬고슬한 팥시루떡의 달콤하고 고소한 맛을 잊을 수가 없다. 60여년의 세월이 지나 어머니의 체온이 고스란히 담긴 떡시루를 다시 만났고, 그날 밤 우리 형제들은 어머니에 대한 추억으로 따뜻한 밤을 보낼 수 있었다.

2004년 1월

가족들과 함께 찾은 사야마 초등학교에서 후배들과 기념촬영.

돌아와요 부산항에

"아부지 낚싯대 못 봤나?"

나와 형은 서로 번갈아보며 고개를 가로저었다. 부엌에서 엄마 설거지를 돕다 나오던 누나가 흠칫하는 몸짓을 하며 다시 부엌으로 쪼르르 달려 들어갔다.

낚싯대를 찾지 못해 짜증이 날대로 난 아버지는 부엌 쪽을 향해 큰 소리로 "내 낚싯대 못 봤나?" 소리쳤다. 여기저기 물이 튄 앞치마에 손을 닦으며 나온 엄마는 말없이 그런 아버지를 쏘아보기만 했다.

"낚싯대가 발이 달린 것도 아니고, 못 봤나?"

아버지는 다시 엄마에게 다그치듯 물었다.

"지금 한가하게 낚시질이나 하고 댕길 땐교?"

"뭐라꼬?"

평화롭던 일요일 아침, 그렇게 엄마와 아버지의 싸움이 시작됐다.

공장에 다녔던 아버지는 유독 낚시를 좋아하셨다. 우리 집 마루 밑에는 늘 대나무 낚싯대가 수십 개 쌓여 있었다. 쉬는 날이면 언제나 아버지는 낚싯대를 들고 집을 나섰고, 저녁쯤이면 집으로 돌아왔다. 그런 날이면 밥상 위에 노릇노릇 잘 구워진 생선구이가 푸짐하게 올라왔다.

진주만 공습으로 미국에 선전포고를 한 일본은 전시 상황이라 쌀, 채소, 장작 등 생필품들을 배급제로 전환했고, 당연히 집집마다 배급되는 양은 생활을 영위하기에는 매우 부족했다. 우리가 살던 오사카와 같은 대도시에선 다른 생필품보다도 장작 등 땔감이 많이 모자랐다.

우리 집도 사정은 마찬가지였는데 급기야 엄마가 마루 밑에 쌓여 있던 낚싯대를 땔감으로 써버린 일도 있었다.

아버지가 불같이 화를 내는 건 어쩌면 당연했다. 그러나 엄마도 할 말은 있었다. 배급제로 모든 게 부족한데도 한가로이 바둑을 두고 낚시나 다니는 아버지의 모습이 답답하고 얄미웠던 것이다.

그렇게 또 추운 겨울을 났다.

긴 겨울이 지나 우리 가족이 새로 정착한 야마구치시의 작은 시골마을, 사야마에도 어느덧 봄이 왔다. 여린 싹을 틔운 나뭇가지 사이로 따스한 햇살이 부서지고, 겨우내 꽁꽁 얼어있던 대지는 모락모락 김을 피워 올리고 있었다. 들판에는 듬성듬성 무리지어 핀 이름 모를 들꽃들이 저마다의 색으로 봄을 물들였다.

그러나 사람들에게 봄은 아직 오지 않았다. 일본의 패전은 작은 시골마을을 여전히 긴 겨울의 침묵 속에 가두고 있었다.

일본 천황의 항복 선언으로 우리나라는 마침내 해방됐지만, 당장 조국으로 돌아갈 수도 없었다. 그나마 돈이 좀 있는 사람들은 몰래 배를 구해 일찌감치 돌아갔으나 여전히 많은 조선인들은 일본에 발이 묶여 있었다. 패전국 일본은 우리나라를 비롯해 중국, 동남아 등지에 있던 자국민들의 국내송환에는 전력을 다했다. 하지만 재일조선인들을 위해 귀국선을 특별히 배려하지는 않았다.

일본에 남은 조선인들은 겉으로 조국 해방의 기쁜 내색을 할 수도 없었다. 해방의 기쁨보다 혹시 모를 보복에 대한 두려움이 더 컸기 때문이다. 1923년 관동대지진 때도 민심이 흉흉해지자 일본 정부는 "조선인들이 폭동을 일으켰다"는 유언비어를 퍼뜨려 계엄령을 선포하였고, 이에 군대와 경찰, 각 지역에서 조직된 자경단들이 6천여 명의 조선인을 학살했었다.

실제로 흉흉한 소문들이 돌기도 했지만, 다행히 우리가 사는 야마구치의 작은 시골마을은 그런 소문들로부터 멀리 떨어져 있었다. 그러나 무겁게 가라앉은 동네 분위기는 누가 뭐라 하지 않았지만 철부지 아이들도 위축되게 만들었다.

유난히 긴 그해 겨울이 지나고 봄이 돼서야 우리 집도 고국으로 돌아갈 짐을 쌀 수 있었다. 세간이라고 해봐야 애당초 별 것 없었지만, 일본에 주둔한 미군정과 일본정부는 귀국하는 조선인들에게 30관(100kg 정도) 이내의 화물과 1천 엔 이하의 현금만 가져갈 수 있도록 제한했다.

이것이 얼마나 터무니없는 강제였는지는 당시 조선의 경제상황만 봐도 금방 드러난다. 1945년 8월 해방 당시 원화와 엔화의 통화비는 정확히 1:1이었고, 쌀 한말(약16kg)의 가격은 180원이었다.

그럼에도 불구하고 조선인들은 그저 따를 수밖에 없었다. 고국으로, 그리운 고향으로 하루라도 빨리 돌아갈 수 있다는 것이 그저 하늘에 감사할 따름이었다.

귀국선을 타기 위해선 시모노세키(下關)로 가야 했다. 얼마 되지 않는 가재도구를 싸고 살던 집을 정리를 하는 데는 많은 시간이 필요하지 않았다. 시모노세키로 떠나기 며칠 전 형이 다니던 학교의 영어 선생님이 찾아왔다. 당시 형은 초등학교를 졸업하고 중학교 과정인 고등보통학교에 다니고 있었다.

마당에 들어서는 선생님을 발견한 형이 벌떡 일어나 인사를 했다. 선생님은 빙긋 웃으며 그런 형을 향해 손짓을 하고는 엄마와 아버지에게 인사하며 자기소개를 했다.

그때까지 누군지 몰라 그저 멀뚱히 바라보던 엄마와 아버지는 깜짝 놀라 선생님에게 자리를 권했다. 선생님이 갑자기 찾아온 이유를 알 길이 없어 더 당황한 모습이었다. 엄마는 부엌에서 시원한 물 한 사발을 내와 선생님 앞에 내밀었다. 선생님은 감사하다며 잠시 목을 축이는 시늉을 하고는 사발을 내려놓았다.

"어머님, 아버님, 종성이 학생을 저한테 맡겨주십시오."

갑작스런 선생님의 얘기에 부모님은 할 말을 잃고 멍하니 바라보기만 했다. 선생님 옆에 멀뚱히 서 있던 형의 얼굴이 발갛게 상기됐다.

"종성이는 정말 똑똑한 학생입니다. 지금 조선에 돌아가면 그 재능을 다 펼치기 어려울 겁니다. 저한테 맡겨주시면 종성이가 자기 능력을 꽃피울 수 있도록 책임지고 키우겠습니다."

선생님의 말에는 진정성이 묻어났다. 갑작스런 제안에 부모님은 여전히 할 말을 찾지 못하고 있었다. 한참 동안 어색한 침묵이 지나고 아버지가 무겁게 입을 열었다.

"선생님 말씀은 정말 고맙습니다만, 종성이는 우리 집 장남입니다. 지가 타고난 재주가 있으면 어딘들 뭐가 돼도 되겠지요."

선생님의 얼굴에 낙담한 기색이 스쳤다. 자리에서 일어난 선생님은 양손으로 형의 어깨를 잡고 마치 다짐이라도 하듯 말없이 그윽한 눈빛으로 바라봤다. 발갛게 상기된 형의 볼 위로 말간 눈물이 흘러내렸다.

사야마를 떠나올 때부터 형은 쭉 말이 없었다. 부모님들도 마찬가지였다. 신이 난 건 나뿐이었다. 해방이 뭔지, 부모님의 고향인 조선으로 돌아간다는 것이 어떤 의미인지도 몰랐지만 기차를 타고, 배를 탄다는 것만으로 신이 났다.

시모노세키 항에는 귀국선을 타기 위해 며칠째 몰려든 조선인들로 북새통이었다. 부두는 전쟁터를 방불케 했다. 아침부터 술을 마시고 싸우는 사람, 부모를 잃어버리고 우는 아이들, 그 와중에 수완을 부려 장사를 하는 사람들, 그리고 곳곳에 출몰하는 도둑들에 살인까지, 총을 멘 미군과 일본군이 순찰을 돌긴 했지만 그저 형식적으로만 할 뿐 사실상 방치하고 있었다.

1946년 3월, 마침내 부산으로 가는 귀국선이 긴 뱃고동을 울리며 시모노세키 항을 떠났다. 갑판 위에도, 아래도 사람들로 가득했다. 부두에서의 사정과 다르지 않았다. 배를 탈 때까지만 해도 신이 나 있던 나도 사나운 파도에 시달리면서 꼭 잡은 엄마 손을 놓을 줄 몰랐다. 밤이 되면 포대기를 뚫고 들어오는 차가운 바닷바람을 피해 따뜻한 엄마 품으로 깊이 파고들었다.

그렇게 얼마나 지났을까? 갑판 위에 있던 사람들이 하나, 둘 술렁이기 시작했다. 나는 형과 누나 손을 잡고 뱃머리 쪽으로 나갔다. 어른들 틈바구니로 비집고 들어갔다. 시커먼 바다 너머로 육지가 나타났다.

"종우야, 저기가 부산이란다."

형이 나를 보며 말했다. 나도 모르게 "만세~" 소리를 질렀다. 이제 지긋지긋한 파도와, 멀미와, 추위와 싸우지 않아도 된다는 생각에 절로 만세 소리가 나왔다.

갑판 위로 나온 어른들은 서로를 부둥켜안고 뜨거운 눈물을 쏟아냈다. 덩실덩실 춤을 추는 사람들도 있었다. 해방된 조국의 땅을 다시 밟는 기쁨에, 부모와 형제들이 있는 고향을 다시 찾는 기쁨에 귀국선 뱃고동이 길게, 길게 울렸다.

● ○ ●

일본에서 보낸 내 유년 시절의 기억이 특별한 것은 나의 삶에서 그때만이 온전히 아이로서 보낸 시간이었기 때문이다. 부모님과 가족들에게 막내둥이의 응석을 부리며 보호받았고, 비록 짧았지만 또래 아이들과 다를 바 없이 학교를 다니며 공부하고 추억을 쌓았다. 이웃집에 떡을 돌리며 몰래 팥고물도 살짝 떼서 먹었는가 하면, 개울가에서 온종일 물장구를 치며 놀기도 했다.

지하 방공호의 어둠 속에서 어른들의 무거운 침묵을 뒤로 하고 친구들과 쏟아지는 소이탄 불빛을 보며 마냥 재미있어 했다. 그런 우리를 어른들도 뭐라 하지 않았다. 시커먼 포연이 날리는 거리를 이리저리 쫓아 다녀도 나무라는 어른들은 없었다. 하지만 그때는 알지 못했다. 내 앞에 어떤 삶이 기다리고 있을지….

해방이 되었지만 우리 가족은 사야마에서 한 번 더 겨울을 났다. 비록 일본 땅이었지만 사야마에서 보낸 몇 년의 기억은 내게 따뜻함으로 남아있다. 조선 학생들도 차별 없이 가르쳐 주셨던 이마이찌(今地) 선생님, 우리가 세 들어 살았던 노부나가(信長)네 식구들, 그리고 형을 맡겨 달라시던 선생님….

어머니는 1946년 봄, 우리 가족이 사야마를 떠나기 전 찾아와 형을 맡겨달라고 부탁하던 선생님 얘기를 가끔 하셨다. 어려운 형편에 힘들게 공부하는 형을 볼 때마다 어머니는 "차라리 그 선생한테 종성이를 맡길 걸…." 이라며 탄식하듯 되뇌었다.

등록금을 낼 수 없어 학교 급사로 일하면서 공부를 했던 형은 어머니의 자랑이자 아픔이었다. 남들이 천재라고 부러워하는 소리에 기쁨보다 아픔이 앞섰다. 그때 만약 일본인 선생님 밑에서 공부했다면 형의 인생은 어떻게 달라졌을까? 등록금이 없어 급사로 일하진 않았겠지, 배 곯아가며 허기진 배를 물로 채우진 않았겠지, 그럴 때마다 어머니의 한숨은 깊어졌다.

이런 어머니의 마음을 아는지 형은 꿋꿋이 견뎠다. 나도 그런 형이 자랑스러웠다. 어려운 난리 통을 겪으면서도 공부를 포기하지

않았고 천재 소리를 들으며 당당히 서울대학교 사범대학 수학과에 들어갔다. 서울대를 졸업한 형은 고등학교 선생님이 되었고 한평생 제대로 허리 한 번 펴지 못하고 살았던 어머니의 삶도 이제 한 짐 내려놓을 수 있게 되었다.

교장으로 정년퇴임을 한 형은 평범한 소시민의 삶을 살고 있다. 요즘 형은 하루에도 몇 개씩 자신이 직접 편집한 영상, 사진, 글 등의 볼거리를 내게 카톡으로 보내준다. 나보다 7살이나 많은 형이 이런 걸 직접 한다는 게 놀랍기도 하고 그 정성이 고맙기도 해서 메시지를 받을 때마다 절로 웃음이 난다.

가끔 어머니처럼 형이 그때 일본에서 공부를 계속 했다면 어땠을까 곰곰 생각해본다. 유학은 꿈도 꿀 수 없었던 시절이었다. 공부를 계속할 수 있는 형편만 되었더라면 아마 형은 대학교수나 재계의 큰 인물이 되었을 수도 있었다. 어쩌면 그런 화려한 경력을 바탕으로 정계에 진출했을 수도 있었을 것이다.

형이 어떤 선택을 했을지 짐작할 수는 없지만, 서울대학교 수학과를 우수한 성적으로 졸업하고 교직을 선택한 형을 보면서, 어떤 선택이었든 그것은 부모님과 동생들을 위한 선택이었을 거라는 확신이 들었다.

엄마, 나도 학교 보내도

봇짐을 메고 배에서 내리는 우리를 제일 먼저 환영한 것은 하얀 DDT 가루였다. 2차 대전 당시 DDT는 수천만 명의 군인과 피난민, 포로들의 몸에 있는 이를 퇴치하는 데 처음 사용되었다. 전후에는 지중해 지역에 만연한 말라리아 모기를 박멸하는 데 널리 사용되기도 했다. 1970년대 들어와 DDT의 유해성이 많이 지적되면서 우리나라를 비롯해 대부분의 국가에서 농약으로 사용이 금지되었다.

미군 헌병들은 배에서 내리는 사람들에게 농약 살포하듯 DDT 가루를 뿌려댔다. 고약한 냄새가 코를 찔렀다. 어른이고 아이고 할 것 없이 하얀 가루를 뒤집어쓴 채 고국에 첫발을 디뎠다.

부산항도 시모노세키항처럼 사람들로 북새통을 이루고 있었다. 다른 게 있다면 사람들의 손에 들린 태극기였다. 조금씩 모양이 다른 태극기였지만 고국에 왔다는 사실과 해방을 실감할 수 있었다.

해방이란 말을 잘 이해하지는 못했지만 일본이 전쟁에서 패했다는 것, 세상이 바뀌었다는 것 정도는 알았다. 그리고 이제 조선에서 살게 될 것이라는 현실이 조금은 낯설고 두렵기도 했다.

시모노세키항에서 언제 출발할지 모를 귀국선을 하릴없이 기다렸던 것처럼 부모님의 고향 김천으로 가는 기차도 며칠을 기다린 끝에 탈 수 있었다. 부산에서부터 이미 만차로 출발한 기차는 역마다 인산인해를 이룬 사람들에 치여 몸살을 앓았다. 사람에 깔려 죽을 판이었다. 객실뿐 아니라 열차 지붕 위까지 사람들이 빽빽하게 올라앉았다. 그 와중에 누가 터널에 부딪쳐 죽었고, 누구는 지붕에서 떨어졌다는 등의 끔찍한 이야기들이 들렸다.

부산에서 김천까지 지금 같으면 1~2시간이면 가는 거리를 하룻밤 이상을 달려 마침내 김천역에 도착했다. 사람들 사이를 간신히 비집고 플랫폼에 내렸다. 우리를 내려준 기차는 긴 기적소리를 울리며 역을 빠져나갔다.

경북 김천시 구성면 광명리 옴배미(來方), 올빼미의 눈처럼 쏙 들어갔다고 해서 사람들은 '옴배미'라고 불렀다. 김천시에서는 8~9km 정도밖에 되지 않는 곳이었지만, 야산으로 둘러싸여 있는 오지여서 실제로는 더 멀게 느껴졌다.

합천 이씨 친척들이 25가구 정도 집성촌을 이뤄 살고 있었는데, 정씨와 최씨 2가구가 다른 성씨이긴 했지만 모두 외척으로 종친처럼 지내고 있었다.

나이가 차고 사리분별력이 생기자 문득 의문이 들었다. 우리 조상들은 이왕이면 땅도 평평하고 물도 좋은 곳을 두고 왜 이런 외진 산골짜기에 숨어들 듯 자리를 잡았을까? 조금만 걸어서 나오면 도로도 있고, 개천도 있는데 말이다.

매년 음력 10월 20일이면 동네 어른들이 거창 안의면으로 묘사를 다녀왔는데, 어른들에게 물어봐도 정확히 대답해 주는 분이 없었다. 옛날에 피난을 왔다는 정도의 얘기만 들을 수 있었다. 200년이 넘는 세월이 흘렀으니 정확한 진위는 알기 어려울 것이다. 그래도 혹시나 하는 생각에 안의면사무소에 들러 무슨 기록이 남아 있지 않을까 찾아봤다. 읍지의 기록물에서 조그만 단서를 찾을 수 있었다.

1782년 영조가 즉위하자, 경종의 죽음을 영조의 독살로 의심한 이들이 반군을 조직해 반란을 일으켰다. 그 이면에는 노론과 소론의 골이 깊은 당쟁이 있었다. 이인좌가 주도하여 무신년(戊申年)에 무력으로 정권 탈취를 기도했는데 이 사건을 '이인좌의 난' 또는 '무신의 난'이라고 한다.

당시 영남 지역의 총책을 맡았던 정휘량과의 인연 때문에 합천에 살던 우리 조상들이 이 난에 합세한 것이 화근이었다. 불과 한 달여 만에 정부군의 진압으로 난은 평정이 되었고 주모자들도 모두 처형되었다.

난에 참여하였던 우리 선조들도 역적의 무리로 몰려 합천에서 더 이상 살지 못하고 여기저기 떠돌게 되었다. 합천 이씨 계보의 24세손 이하 형제 몇몇이 이곳 금산(金山, 지금의 김천)에 오게 되었고, 그 중 일부가 옴배미에 자리 잡은 것이다. 나는 합천 이가 참지공파 32세손이다.

이 후손들이 집성촌을 이뤄 살았지만, 현재는 노부부 한 가구만 명맥을 이어가고 있고, 몇 집은 외지인들이 별장처럼 이용하고 있을 뿐이다.

일본을 떠나올 때 임신 중이었던 엄마는 예쁜 여동생을 낳았다.

당시 동네에서 잘 사셨던 고모할머니가 방을 하나 내주어 다섯 식구가 함께 살았는데, 이제 여동생이 더해져 여섯이 되었다.

아침밥을 먹고 지게를 지고 나서는데 엄마가 불러 세웠다.

"형들 따라서 조심히 댕겨 오니라. 너무 욕심내지 말고…."

엄마는 무밥을 담은 조롱바가지를 지게 위에 꽁꽁 싸매며 늘 하는 잔소리를 늘어놓았다.

"걱정마라. 지게가 쪼맨해서 마이 지도 몬한다."

어른들 체형에 맞춘 지게는 내가 지기엔 너무 커서 내 몸에 맞는 지게를 새로 만들었다. 그러다보니 늘 성에 차지 않았다.

동네 근처 산들은 대개 민둥산이라 멀리 떨어진 동네 밖 큰 산까지 가야 했는데, 아침에 출발하면 점심때나 되어야 도착할 수 있었다. 그러나 정작 나무를 하는 데는 1시간 정도면 충분했다. 그렇게 한 번 가면 2~3일치 땔감을 해오는데, 형들과 비교하며 늘 욕심을 부렸다.

"종우, 니 또 말 안 듣나? 너거 엄마가 뭐라 카드노? 욕심내지 말라 캤재?"

작은 지게를 훌쩍 넘는 나뭇단을 싣고 있는데 형들이 나무랐다. 그러거나 말거나 나는 끈으로 짐을 단단히 조이며 "끙!"하고 힘을 주었다. 그런 나를 형들은 번번이 앞으로 안 데리고 다닐 거라며 나무랐지만, 내 고집을 꺾을 수는 없었다.

나뭇짐을 세워 두고 나서야 형들과 둘러앉아 늦은 점심을 먹었다. 어머니가 싸준 무밥은 밥보다 많은 무에서 흘러나온 물로 무죽이 되었다. 그 차갑게 식은 무밥으로 허겁지겁 허기를 때웠다.

형 하나가 소나무 가지를 꺾어 왔다. 후식으로 송기를 먹기 위해서다. 소나무 가지의 겉껍질을 낫으로 잘 벗기고 나면 속에 하얀 속껍질이 나오는데, 이걸 송기라고 했다. 송기를 씹으면 단물이 나왔는데, 당시에는 최고의 군것질거리 중 하나였다.

송기로 후식까지 끝낸 후 각자 지게를 졌다. 형들은 항상 내가 먼저 지게를 지고 잘 일어날 수 있도록 도와준 뒤 각자 자기 짐을 졌다.

내 키를 훌쩍 넘는 나뭇짐에 다리가 후들거렸지만, 내심 흡족해하며 한걸음, 한걸음 산길을 내려왔다. 나보다 키도 크고 근육도 많은 형들에 비하면 작은 짐이지만 나는 형들보다 몇 번은 더 쉬어가며 내려와야 했다. 그럴 때마다 형들은 핀잔을 줬지만 지게 짐을 진 채 그런 나를 기다려줬다.

학교에 갈 나이가 지났지만 나는 학교에 가질 못했다. 집안 형편이 그랬다. 일본에서 돌아온 아버지는 시골생활에 적응하지 못하고 겉돌았다. 일제 강점기 시절 초등학교를 마치고 일본으로 건너가 기술자로 살았던 아버지에게 농사는 몸에 익지 않았다.

아버지는 점점 술로 하루를 보내는 날들이 많아졌고, 그만큼 어머니와의 다툼도 잦았다. 그러던 어느 날, 아버지는 고물장수를 하기 시작했다. 동네 어른들은 배울 만큼 배우고, 일본에서 기술자 노릇하던 양반이 저게 무슨 꼴이냐 수군댔고, 아이들은 우리 형제를 "옴배미 엿쟁이 아들"이라며 놀렸다. 형이나 누나도 그랬겠지만 그 시절 제일 듣기 싫은 소리였다.

자연스럽게 농사일은 어머니와 내 몫이 되었다. 중학교에 다니는 형은 학교 급사로 일하며 공부를 했다. 가족들 누구에게도 대놓고 "나도 학교 가고 싶다"는 말을 하지 못했다. 그저 매일 아침 지게를 지고 산모퉁이를 지날 때마다 책보를 매고 학교 가는 친구들의 뒷모습을 부러운 눈으로 따라갈 뿐이었다.

비료나 거름이 귀하던 그 시절, 농부들에게 똥오줌은 금과 같아서 함부로 버리지 않았다. 아무리 묽은 똥이라도 작물에게는 절대적 영양소를 공급해주는 거름 역할을 했다.

특히 밭농사에는 사람이나 짐승의 똥오줌이 없어서는 안 될 아주 귀한 거름이었다. 이런 거름이 아니면 쟁기로 땅을 갈고 씨를 뿌려 싹이 나고 아무리 김을 잘 매주어도 곡식을 살찌울 수가 없었다. '똥장군에 담긴 거름 한 지게가 곧 곡식 한 지게'인 셈이기에 알뜰하고 소중하게 사용했다. 그래서 거름은 이웃과 서로 꾸거나 나누어 쓰지 않았다.

엄마가 구정물을 화장실에 버리는 이유이기도 했다. 어느 정도 인분이 차올라야 밭에다 거름을 뿌릴 수가 있었는데, 엄마는 인분이 빨리 차오르도록 매일 구정물을 화장실에 갖다 버렸다. 구정물이 섞여 금세 차오른 화장실을 보면 울고 싶을 만큼 엄마가 원망스러웠다. 그런 내 마음을 아는지 엄마는 가끔 내 눈치를 보며 몰래 구정물을 갖다 붓곤 했다.

밭에다 거름을 나르는 일도 내 몫이었다. 지게 위에다 똥장군을 얹고 산모퉁이를 돌아 밭으로 가서 뿌리고 오는 일은 지독한 냄새도 냄새였지만, 가끔 학교를 다녀오는 친구들과 마주칠 때면 여간 곤혹스러운 일이 아니었다.

마을로 들어오는 길이 하나뿐이라 피하고 싶다고 피해지는 게 아니었다. 그래서 산모퉁이를 돌아갈 때는 혹시 누구랑 마주칠 새라 늘 잰 걸음으로 빠르게 지나갔다. 하루에도 몇 번씩 똥장군을 지고 날라야 하는 일은 쉽지 않았다. 울퉁불퉁한 산길을 하루 서너 번 다녀오면 보통 해가 기울었다. 그렇게 어깨에서 피가 날 정도로 지게를 지고 거름을 날랐다.

"종우야, 오늘은 힘든데 고마 해라."

엄마는 아침부터 똥장군을 지고 나르느라 지칠 대로 지친 나를 바라보며 손짓을 했다. 어른들이 지는 똥장군은 너무 크고 무거워서 엄마는 옹기로 만든 작은 똥장군을 사주었지만, 열너댓 살이던 내게는 여전히 힘든 일이었다.

"아직 저물라면 멀었는데…, 한 번만 갔다 오께."

나는 똥장군을 지고 집을 나섰다. 엄마한테는 한 번만 더 갔다 오겠다고 했지만, 집을 나설 때부터 발걸음을 재촉했다. 조그만 가슴이 콩닥거렸다.

마을 옆길을 지나 비탈이 심한 산모퉁이를 도는데 멀리서 아이들의 소리가 들렸다. 순간 똥장군을 진 발길이 멈칫했다. 이마에는 송글송글 땀이 맺혔다. 이내 발걸음을 재촉했지만 아이들의 소리는 더 가까워지고 있었다.

산모퉁이를 돌아 결국 하교하는 아이들과 마주쳤다. 창피함에 나는 주춤주춤 뒷걸음질을 쳤다. 아이들이 뭐라고 하는데 아무 소리도 들리지 않았다. 머리가 하얘지고 이마에 맺혔던 땀방울이 눈을 찔러 따끔거렸다.

기우뚱, 뒷걸음질 치던 나는 그만 비탈 아래 똥지게와 함께 굴러 떨어졌다. 깔깔대며 웃는 아이들의 웃음소리에 번쩍 정신을 차리고 보니, 깨진 똥장군에서 쏟아진 인분이 사방에 뿌려져 있고, 냄새가 진동했다.

당시 4학년에 편입해 1년 정도 학교를 다니다 그만둔 지 얼마 안 돼 더 창피했다. 아이들의 웃음소리는 더 커졌고 그럴수록 창피함에 어쩔 줄 몰랐다. 그때 나와 동갑이던 이영식이란 친구가 그런 아이들을 나무랐다. "종우 엄마, 아빠가 나빠!"라는 영식이의 말이 귓전에 들려왔다.

나는 그저 아이들이 빨리 그냥 지나가길 바랄 뿐이었다. 이대로 땅속으로 푹 꺼졌으면 싶을 정도로 부끄럽고 치욕스러웠다.

터덜터덜 빈 지게를 지고 집으로 들어서는 나를 보고 엄마는 기겁을 해 뛰어왔다.

"그러게 왜 말 안 듣고 고집을 부려서…."

엄마는 인분을 뒤집어 쓴 날 부둥켜안고, 날 나무라는지, 당신을 탓하는지 모를 한숨을 토하듯 쏟아냈다.

다라이에 물을 받아 씻겨 주던 엄마는 아들의 작은 어깨에 맺힌 피멍을 보며 또 깊은 한숨을 토했다. 콧물을 훌쩍이는 엄마의 한숨소리에 나는 몰래 눈물을 씻었다.

그제야 깨진 똥장군이 아까웠고, 산비탈에 쏟아버린 거름이 아까웠다. 그렇게 어린 지게꾼은 농사꾼이 되어 갔다.

다음 장날 엄마는 옹기점에서 새 똥장군을 맞춰왔다.

●○●

우리 집에선 유독 나만 키가 작다. 어머니는 어릴 때부터 지게를 많이 져서 그렇다며 늘 미안해했다. 그렇다고 한 번도 부모님을 원망해본 적은 없었다. 내가 무슨 대단한 성인군자의 품성을 가져서가 아니라, 그저 운명처럼 주어진 환경에 순응했던 것 같다.

학교에 가고 싶다는 말도 속으로 꾹꾹 눌러 삼켰고, 산모퉁이를 돌아 멀리 학교 가는 친구들을 가끔 물끄러미 바라볼 뿐이었다. 동네 형들과 산에 나무를 하러 갈 때면 형이 배운 책을 몇 장씩 뜯어 주머니에 챙겨 갔다. 그렇게 배움에 대한 갈증을 해소했다.

이런 나를 어머니는 모른 체 했다. 나는 그런 어머니의 마음을 이해했다. 어떻게든 장남 하나라도 제대로 공부를 시키면 집안을 일으킬 수 있다고, 동생들을 돌볼 수 있을 거라고 믿으신 어머니의 마음을 열 번이고, 백 번이고 이해할 수 있었다.

오히려 우리 집 형편에 형 하나라도 어떻게든 포기하지 않고 공부를 시키셨던 어머니의 의지가 지금 생각해도 놀라울 따름이다. 어머니는 고단한 농사일에도 지치지 않고 밤이면 동네 바느질일을 도맡아 하시면서 생활비를 마련했다.

형 역시 그런 어머니의 기대를 실망시키지 않았고, 형은 우리 집을 넘어 동네의 자랑이 되었다. 동네 사람들은 가난한 우리 집 형편을 알고 십시일반 쌀을 거둬 보내줄 정도였다. '엿쟁이 아들'이 아니라 '종성이 동생'이라며 내 뒤에서 속삭이는 사람들의 목소리

를 들을 때면 어깨가 으쓱해졌다.

그러나 마음 한 켠에는 여전히 나도 학교 다니고 싶다는 마음이 떠나지 않고 있었다. 그러던 어느 날, 나는 용기를 내 형에게 진지하게 말했다.

"형, 나도 학교 가고 싶다."

형은 그런 나를 물끄러미 바라봤다. 형은 내가 형이 배운 책과 친구들이 준 책으로 혼자 공부를 하고 있다는 걸 알고 있었다. 의미도 모르는 영어를 줄줄 외우고, 시조 100수를 술술 읊어대는 나를 보며 자신의 공부 때문에 동생이 학교를 다니지 못한다는 사실이 형에게는 늘 마음의 짐이었으리라.

다음 날 형은 학교를 찾아가 교장선생님을 만났다. 형은 내가 어떻게 공부를 했고, 수준은 어느 정도인지 설명을 했다. 교장선생님은 그 이야기를 경청했다. 형의 설득으로 교장선생님은 나를 4학년에 편입시켜 주었다.

나는 한동안 형을 부둥켜안고 떨어질 줄 몰랐다. 형은 작은 내 등을 두드려주었고, 부엌에서는 어머니의 얕은 한숨소리가 바람결에 느껴졌다.

1951년 가을, 과곡초등학교 4학년으로 학교를 가게 됐다. 14살 때였다. 정식으로 입학한 아이들보다 4살이 많았다. 내가 제일 나이가 많은 편이었지만 대부분 적령기를 넘겼다.

다니고 싶었던 학교였고, 하고 싶은 공부였기에 남들보다 더 열심히 했다. 그 결과 성적도 1, 2위권으로 잘 나왔다. 성적표를 받은 날 누나에게 보여주며 자랑을 했다. 누나는 기특하다는 듯이 내 머리를 쓰다듬어줬다.

어린 마음에도 어머니에게는 성적표를 내밀기가 미안했다. 그런 내 마음을 아는지 누나는 "엄마, 우리 종우가 1등 했다"며 일부러 더 호들갑을 떨었다. 침침한 호롱불 밑에서 바느질을 하던 엄마는 희미하게 웃으며 나를 한 번 바라보고는 "우리 종우 잘했네."라며 엄지를 치켜 세워 주었다. 그제야 나도 함박웃음을 지었다.

내게 그 행복은 오래 허락되지 않았다. 논에서 피를 뽑고 돌아온 어머니는 마루에 앉더니 옆자리를 손바닥으로 두드리며 나를 오라고 했다.

나는 쪼르르 달려가 어머니 옆에 앉았다.

"종우야, 학교 다니는 거 좋나?"

"응. 나도 공부 열심히 해서 형처럼 되고 싶다."

어머니는 그런 나를 한동안 물끄러미 바라봤다. 나는 말똥말똥 그런 어머니를 쳐다봤다. 고단함이 밴 어머니의 눈에서 굵은 눈물이 뚝 떨어졌다.

"종우야, 너무 힘들다."

뜨거운 울음을 삼키며 토해내듯 어머니는 힘겹게 말했다. 나는 깊숙이 고개를 파묻었다. 그렁그렁 맺힌 눈물이 내 작은 손등으로 뚝뚝 떨어졌다. 콧물, 눈물이 범벅이 된 채 나는 고개를 들지 못했다. 어머니는 그런 나를 꼬옥 안았다.

산등성이를 넘어가는 해가 마지막 남은 빛을 마당에 뿌리고 있었다. 5학년 1학기를 마친 1952년 여름, 나는 학교를 그만 뒀다.

1952년4월

과곡초등학교 5학년

봄소풍

2009년 폐교된

과곡초등학교

길은 하나가 아니다

학교를 그만 둔 나는 다시 지게를 졌다. 2년도 못 채운 학교생활이었지만 그만큼 내 삶에서 소중한 시간들이었고, 행복한 기억들로 점철돼 있다.

오늘도 지게를 지고 산모퉁이에서 저 멀리 책보를 메고 학교 가는 친구들의 모습을 떠올려본다. 문득 우리 동네보다 더 깊은 산골인 진흥에 사는 친구 정옥용과 문영수의 얼굴이 떠올랐다. 짧은 시간이었지만 평생 잊을 수 없는 친구들이었다.

4교시를 마치고 점심시간이 되면 나는 친구들 몰래 교실을 빠져나왔다. 엄마가 싸주는 도시락은 잡곡도 아닌 시래기밥이라 창피해서 가져가지 않았다. 도시락을 안 싸가니 점심시간이면 보통 수돗물로 배를 채웠다. 점심시간이 끝날 때까지 운동장 주변을 배회하다 5교시가 시작할 때쯤 교실로 돌아갔다.

"종우야!"

토요일 수업이 끝나고 옥용이와 영수가 자기 동네에 놀러가자고 했다. 그렇게 친구들과 놀고 하룻밤을 보냈다. 다음날 아침 집으로 가는 내게 꽤 무거워 보이는 보따리 하나를 주면서 "집에 가서 펴봐라."라고 했다.

나는 보따리를 어깨에 짊어지고 집으로 왔다. 집에 와 자루를 열어봤더니 하얀 쌀과 좁쌀이 들어 있었다. 넉넉히 다섯 되는 돼 보였다.

"웬 쌀이고?"

엄마와 누나가 깜짝 놀라 물었다. 나도 놀라긴 마찬가지였다. 나는 엄마에게 자초지종을 얘기했다. "정말로 고마운 친구들이구나." 엄마와 누나는 눈물을 훔쳤다.

"저들 집도 형편이 좋진 않을낀데…. 종우야, 그 친구들한테 평생 보답하면서 살아야 된대이. 알았재?"

나는 엄마의 말에 고개를 끄덕였다.

다음날 점심시간, 옥용이와 영수, 그리고 나는 함께 도시락을 나눠 먹었다. 세상 어떤 왕후장상의 밥상이 부럽지 않았다. 이 친구들과는 아직도 우정을 이어가고 있다.

다시 농사꾼이 된 나는 여전히 공부가 하고 싶었다. 딱히 무엇이 되려고 한 것도, 뚜렷하게 어떤 공부가 하고 싶은 것도 아니었다. 내게는 '공부' 그 자체가 중요했다.

공부는 지긋지긋한 가난에서 벗어날 수 있는 길이었고, 농사꾼에서 벗어나는 길이라고 믿었다. 더 넓은 세상으로 나가는 길이자 더 나은 사람이 되는 길이었다. 그래서 면벽수행 하듯 매일 밤 호롱불 아래서 공부를 했다.

"종우 있나?"

어느 날 밤, 여느 때처럼 저녁을 먹고 호롱불 아래서 공부를 하고 있는데, 동네 이장 어른이 나를 찾았다. 나는 엉거주춤 인사를 하며 마당으로 나갔다.

"종우야, 니 우리 동네 아지매들 좀 가르쳐볼래?"

나는 무슨 소린지 몰라 "예?"라며 되물었다. 이장 어른은 우리나라 국민들 중 80%가 글을 모르는 문맹인데, 나라에서 문맹퇴치운동을 대대적으로 벌인다고 했다.

"아는 것이 힘이다. 배워야 산다! 들어 봤재?"

나는 얼떨결에 동네 사람들에게 한글을 가르치는 선생님이 되었다. 친구들이 쓰던 책으로 일찍이 한글을 익혔던 게 이렇게 쓰일 줄 어찌 상상이나 했겠는가.

낮에는 일을 하고 밤에 모여 공부를 했는데, 많을 때는 20명 정도가 모였다. 대상은 주로 마을의 집안 아주머니들이었는데, 다들 열정이 대단했다. 농사일로 피곤한 몸이지만 쏟아지는 졸음을 참아가며 열심히 배웠다. 덩달아 나도 신이 나 열심히 가르쳤다.

그렇게 한글을 가르쳐주면 1년 단위로 쌀을 걷어서 줬는데, 그 양이 제법 되었다. 돈으로 환산하면 1년 동안 농사지어 얻을 수 있는 금액 정도의 액수였다. 그만큼 농사 외의 부수입을 올리게 되었다.

"뭐지?"

전쟁이 끝난 직후 나무를 하러 갔다가 미군이 버리고 간 카메라를 하나 주웠다. 생긴 모양이 목침 같이 생겼다고 해서 '목침 카메라'라고 불렀는데, 'KODAK'이라고 쓰여 있었다.

나는 이게 무슨 횡재냐 싶어 서둘러 카메라를 챙겨 집으로 돌아왔다. 흥분으로 잠을 잘 수가 없었다. 밤에 자다가도 장롱 속에 고이 모셔둔 카메라가 생각나서 몇 번을 꺼내보곤 했다. 어쩌면 기계에 대한 나의 호기심은 이때부터 생겼는지도 모른다.

한참 뒤 나는 카메라를 들고 김천에 있는 사진관을 찾아갔다. 그곳에서 카메라 사용법을 배우고 사진을 직접 찍어 봤다. 필름번호는 '124'였고 한 통으로 사진 8장을 찍을 수 있었다.

작동법은 매우 간단했다. 카메라는 아주 단순한 거리 광조절 장치도 없었고 렌즈에 보이는 대로 그냥 떨리지 않게 셔터를 누르기만 하면 됐다. 대신 날씨가 흐린 날에는 사진이 잘 안 나왔다.

그래도 난생 처음 내가 찍은 사진을 보니 정말 신기했다. 전쟁 직후라 당시 구성면 전체를 통틀어서도 카메라를 가진 사람은 내가 거의 유일했었던 것 같다. 그래서 동네마다 결혼식이나 회갑연, 봄놀이 등 행사가 있을 때면 한 번씩 사진을 찍어줬다.

전쟁이 끝나고 북한에서 월남한 이들을 비롯해 신원 파악이 어려운 이들이 많아 정부에서 '도민증'을 발급하기 시작했다. 지금의 주민등록증 같은 것이었는데, 1962년 주민등록법이 제정되기 전까지 나는 이 '도민증' 덕을 톡톡히 봤다.

도민증을 만들기 위해서는 상반신 소형 사진이 필요했는데, 이 사진을 찍으러 가는 일이 산골 사람들한테는 여간 번거로운 일이 아니었다. 사진을 찍으려면 사진관이 있는 김천까지 나가거나 지례면까지 가야 했는데, 한 번 갔다 오면 하루 농사일을 접어야 했기 때문이다. 게다가 사진을 찾으려면 또 하루를 버려야 했다.

나는 내 카메라로 사진을 찍어도 되겠다 싶었다.

"엄마, 요 와서 한 번 앉아봐라."

나는 카메라로 시험 삼아 엄마와 친인척 8분의 도민증 사진을 찍었다. 사진관에 가서 도민증 크기로 사진을 뽑아 면사무소에 도민증 신청을 했는데 아무 문제가 없었다. 그때부터 본격적으로 동네 사람들의 도민증 사진을 찍었고, 우리 집은 우리 마을뿐만 아니라 인근 마을에서도 도민증 사진을 찍기 위해 사람들이 찾아왔다. 김천까지 나가지 않아도 되니 사진을 찍으려는 사람들이 줄을 섰다. 매일 김천에 있는 사진관의 문턱이 닳도록 드나들었다.

사진관으로선 내가 큰 고객이었다. 당시 사진관에는 나이가 좀 많은 사장과 조수 한 명이 일하고 있었다. 조수는 나보다 두세 살 나이가 많았는데, 사장이 없는 날은 암실에서 사진 뽑는 것을 보여주기도 하는 등 사진 기술을 많이 가르쳐줬다.

조수와 가깝게 지내면서 몇 차례 구경을 하다 보니 나도 할 수 있을 것 같아 현상약, 인화약, 인화지를 샀다. 방에다 이불로 암실을 만들고 벽을 뚫어 작은 슬라이딩 창호도 만들었다. 당시 우리 마을에는 전기가 들어오지 않아 햇빛을 대신 이용한 것이었다. 그렇게 혼자 수십 차례 시행착오를 거쳐 결국 사진 현상과 인화도 직접 할 수 있게 됐다.

어느 날 문득 남는 필름이 아깝다는 생각이 들었다. 필름 크기가 커서 한 사람만 찍으면 필름이 많이 남았다. 한 장으로 두 사람 분을 찍을 수 있을 것 같았다. 사진관에 가서 조수에게 물어보니 '왜 그런 터무니없는 생각을 하냐?'는 듯 피식 웃고는 "안 된다."고 잘라 말했다.

하지만 나는 가능할 것 같았다. 필름에 사진이 찍히는 공간을 까만 종이로 반을 가리고 시험해 봤다. 처음엔 빛이 옆 부분으로 침투해 몇 차례 실패했다. 그러나 포기하지 않고 계속 시도했다. 결국 한 장으로 두 장을 찍는 데 성공했다. 필름 한 롤로 8장 찍던 걸 16장의 사진을 찍으니 수입도 두 배가 되었다.

당시 우리 논 세 마지기, 600평에서 1년 수확량이 쌀 7~8 가마였는데 사진으로 번 돈이 훨씬 많았다.

"와, 니 진짜 똑똑하네."

사진관 보조는 진짜로 놀라워하며 나를 신기한 듯 바라봤다. 지금 생각해도 '무식하면 용감하다'는 말처럼 무모한 시도였던 것 같다. 당시에도 필름 버리는 돈이 아까워 중간에 그만 둘까도 몇 번이나 생각했지만, 포기하지 않고 끝까지 밀고 나가 결국 성공할 수 있었다. 끝까지 포기하지 말자는 신념은 그 이후로 지금까지 내 삶 속에서 일관된 원칙이 되었다.

●○●

"하늘이 주는 세 가지 은혜가 있었습니다. 가난한 것, 허약한 것, 못 배운 것이 그것이지요. 그 은혜 덕분에 성공할 수 있었어요. 가난한 집안에서 태어났기 때문에 어린 시절부터 갖가지 힘든 일을 하며 세상살이에 필요한 경험을 쌓았고, 또한 허약체질이었기에 꾸준히 운동을 하면서 건강을 유지했으며, 학교를 제대로 마치지 못했기에 만나는 모든 사람을 스승 삼아서 그들에게 묻고, 배우며 익혔습니다."

- 마쓰시타 고노스케(松下幸之助)

지금의 파나소닉을 있게 한 마쓰시타 고노스케는 전후 일본의 경제 성장 그 자체이자, 전 국민의 사랑을 받은 기업가였다.

나 역시 어린 시절의 결핍이 없었다면 내 안에 그런 열정들이 생겨났을까? 너무 가난해서 포기해야 할 것도 많았고, 또 그만큼의 기회가 주어지지 않았기에 더 절박했다. 절박함은 더욱 단단한 의지로 나를 흔들리지 않게 붙들어주었다.

어깨에 피멍이 들도록 지게 짐을 져 나르느라 남들보다 키는 덜 자랐지만, 내 몸은 남들보다 더욱 단단해졌다. 학교에 가지 못하는 대신 나뭇단에 기대 찢어온 책을 닳도록 읽고 또 읽었고, 어두침침한 호롱불 아래서 눈을 비벼가며 밤을 새웠다. 그리고 농사를 지으며 만물이 어떻게 순환하고 자라는지 어른들의 지혜를 익혔다. 이 모든 것이 그 시절의 가난과 결핍이 내게 준 선물이었다.

혼자서 독학으로 한글을 깨쳤고, 그것이 나를 산골 아주머니들의 한글 선생님이 되게 했다. 우연히 주운 카메라를 연구해 도민증 사진을 찍어 한 해 농사짓는 것 보다 더 많은 수익을 올릴 수 있었다. 어렴풋이 길이 하나가 아니라는 생각을 하게 됐다.

몇 년 뒤, 서울대학교를 다니며 가정교사를 하던 형이 불러 서울 용두동의 인쇄소에서 일주일 동안 일했다. 인쇄소에는 20~30명의 직원들이 일사불란하게 움직이며 일하고 있었다. 납으로 된 활자를 뽑는 사람들이 있었고, 그 옆에는 천정까지 활자판들이 가득 채워져 있었다. 거기에서 내가 한 일은 원고를 보고 활자를 찾아 활판에 심는 단순한 일이었다.

수시로 기름칠을 하고 나사를 조여 주는 모습, 잉크 냄새와 기름 냄새가 뒤섞여 인쇄기는 요란한 소리를 내며 바쁘게 돌아갔다. 재단기에선 일정한 모양으로 종이들이 잘려 나오고 압축기에서는 인쇄물이 한 권의 책으로 제본이 되어 나왔다.

옴배미 깡촌에서 땅이나 파먹고 살던 내게는 너무도 다른 세계였다. 그 세계는 정교하면서 정확했다. 사람들의 일사불란한 움직임에 따라 모든 일 처리가 딱딱 맞아 들었다. 인간이 도저히 할 수 없는 일들을 기계들이 척척 해내고 있었다. 새로운 세상이 도래하고 있음을, 앞으로의 세상은 저런 기계가 더 많은 일을 해낼 것임을 예감할 수 있었다. 나는 기술자가 되어야겠다고 다짐했다.

"요놈, 쪼맨한 놈이 손이 야무지네."

공장장 아저씨는 "나중에 꼭 훌륭한 기술자가 돼라"는 말로 시골로 돌아가는 나를 격려해줬다. 옴배미로 내려온 후 한동안 마음이 잡히지 않았다. 밭에 거름을 져 나를 때도, 소꼴을 벨 때도, 나무를 하러 가서도, 쟁기질을 하면서도 생각났다. 잉크 냄새와 기름 냄새를 풍기며 요란하게 돌아가던 윤전기, 자동으로 반듯하게 종이를 자르던 재단기의 모습이 눈앞에 아른거렸다. 비록 일주일이라는 짧은 시간이었지만 나는 이전과 다른 내가 된 듯 했다. 내 안에 새로운 꿈이 생겼고, 비로소 내 인생의 맹지에서 새로운 길을 발견했기 때문이었다.

두 번째 전쟁

1950년 6월 25일 새벽, 북한군이 T-34 전차를 앞세워 38선을 넘었다.

"기브 미 쪼꼬렛, 기브 미 쪼꼬렛."

뿌연 먼지를 일으키며 지나가는 미군 트럭을 쫓아가며 아이들은 두 팔을 벌리고 서툰 영어 발음으로 외쳤다. 트럭 위에 탄 미군들은 그런 아이들이 재미있다는 듯 한동안 바라보고 웃기만 했다. 그럴수록 아이들은 짧은 팔을 버둥거리며 더 큰 목소리로 "기브 미 쪼꼬렛"을 외쳤다.

그렇게 한참을 달리고 나서야 미군들은 주머니에서 초콜릿, 껌 등을 툭 던져주었다. 하나씩 전리품을 챙긴 아이들은 뿌연 먼지 너머로 사라지는 미군 트럭을 등지고 마을로 돌아왔다.

미군은 옴배미 마을 뒷산과 김천, 거창을 잇는 국도변에 진지를 구축했다. 야산과 들판 곳곳에 어른 키 크기 만큼의 개인호가 들어

찼다. 우리 집에서 몇 발짝 떨어지지 않은 곳에도 개인호가 생겼다.

주둔을 시작하고 며칠 지나 미군 병사 한 명이 우리 집을 찾아 왔다. 미군을 이렇게 가까이에서 본 건 처음이라 나는 바짝 긴장하고 있었다. 미군은 그런 내 앞으로 성큼 다가오더니 초콜릿과 껌을 쥐어 주었다. 이게 무슨 횡재인가 싶어 나도 모르게 입이 벌써 귀에 걸렸다.

"일출, 일출"

미군은 어색한 발음으로 내게 말했다. 일출은 형의 어릴 때 이름이었다. 나는 형을 부르러 방으로 뛰어갔다. 형은 해방되기 전까지 일본에서 중학교를 다녀 영어 수준이 상당했다. 영어를 조금이라도 할 줄 아는 사람을 찾던 미군들에게 동네 사람들이 우리 집을 가르쳐준 모양이었다.

그날 이후 미군 몇 명이 번갈아가며 우리 집을 찾아왔다. 형은 직접 미군들과 영어로 대화할 수 있어서 좀 신이 나 보였다. 미군들에게도 유일하게 통역이 되는 형의 존재는 특별한 것 같았다. 어떤 날은 저녁에 엄마가 직접 손으로 빚은 칼국수를 한 그릇씩 먹고 놀다 가기도 했다.

나는 미군들이 그렇게 형을 찾아오는 것이 마냥 좋았다. 다른 아이들처럼 먼지를 뒤집어쓰면서 트럭을 쫓아가지 않아도 초콜릿이며 껌을 실컷 먹을 수 있기 때문이었다.

"서둘러 대구 쪽으로 피난을 가세요."

미군이 우리 마을에 주둔한 지 일주일 정도 지난 어느 날 밤, 밤새 포탄 터지는 소리와 총격전에 잠을 잘 수 없었다.

이른 새벽 평소 우리 집에 자주 들렀던 미군이 형을 불러내 빨리 피난을 가라고 말했다. 미군의 전황이 별로 좋지 않았던 모양이었다. 형은 미군이 하는 말을 마을 사람들에게 재빨리 통역해줬다. 미군은 가볍게 형의 손을 한 번 잡고는 곧장 어둠 속으로 사라졌다.

사태가 심상치 않음을 직감한 우리 가족은 약간의 식량만 챙겨서 피난길을 나섰다. 김천 쪽으로 가지 못하고 성주 방향의 조마면 강둑에서 하룻밤을 보냈다. 옴배미에서 멀어질수록 피난 행렬은 불어났다.

다음날 피난 행렬에 섞여 대구를 향했다. 그렇게 한참을 가는데 그만 인민군과 딱 마주치게 됐다. 전쟁 통에 온갖 흉흉한 소문들이 돌던 때라 그 자리에서 꼼짝도 못하고 얼음처럼 굳었다.

"김천 일대가 전부 해방됐으니, 빨리 고향으로 돌아가시오."

그 중 계급이 높아 보이는 인민군이 말했다. 우리는 아무 소리도 못하고 영문도 모른 채 다시 옴배미로 발길을 돌렸다.

이렇게 나에게 6,25전쟁은 미군과 인민군이 번갈아가며 내린 명령에 따라 좌충우돌했던 몇 달 간의 일들로 기억된다. 산골 사람들에게 무슨 사상이나 신념이 있었겠는가. 그저 가라면 가고, 땅을 파라면 팠을 뿐이었다. 오로지 살 길을 찾아서.

다시 돌아온 옴배미의 모습은 참혹했다. 미군이 주둔했던 야전병원, 야산과 들판에 파놓았던 개인호에는 시체가 즐비했다. 지난 며칠간의 전투가 얼마나 치열했는지, 거창 쪽으로 가는 계곡에도 인민군과 미군의 시신이 뒤엉킨 채 셀 수도 없을 만큼 널려 있었다. 들판이나 논바닥 위에도 시체들이 쌓여 있었다.

그런 와중에도 우리 같은 아이들은 여기저기 몰려다니며 미군들이 버리고 간 물건들을 주우러 다녔다. 주로 건빵과 설탕이었다. 대담한 어른들 중에는 미군의 시신에서 시계나 지갑을 찾아내기도 했다.

옴배미로 돌아오고 며칠 뒤, 형이 철모 하나를 들고 마당으로 터덜터덜 들어왔다. 우리 집에 자주 드나들었던 미군의 철모라고 했다. 형은 힘없는 목소리로 "아마 십중팔구는 전사했을 것"이라고 말하며 철모를 내려놓았다.

·

며칠 뒤 인민군이 옴배미에 들어왔다. 며칠 전까지 동네 머슴이었던 사람들이 붉은 완장을 차고 함께 나타났다. 인민군과 완장 찬 사람들의 지시로 동네 사람들은 들판과 야산에 널려 있던 시체를 치웠다. 옴배미는 이제 완장 찬 사람들과 인민군의 치하에 놓였다.

붉은 완장을 찬 사람이 아버지와 형을 불러냈다. 노력동원이라고 했다. 인민군들은 낙동강 전선에서 사용할 포탄들을 기차로 실어 날랐는데, 미군 전투기를 피해 황간 터널에 숨겨놓았다. 그러면 한밤중에 동네 사람들을 동원해 포탄을 전투 현장까지 옮기도록 했다. 우리 집에서는 아버지와 형이 동원된 것이었다.

황간 터널에서 포탄을 가져와 먼저 집으로 옮겨놓은 뒤, 밤이 되면 그 포탄을 메고 걸어서 낙동강 전선 근처까지 옮기고, 거기에서 다음 사람에게 인계했다고 한다. 이런 노력동원은 2개월 정도 계속되었다. 인민군들이 얼마나 조직적으로 사람들을 부려먹었는지 꾀병을 부릴 수도 없었다. 행여 조금이라도 반항하는 기색을 보이면 그 자리에서 총살이었다. 전쟁이 벌어지기 전에 월남한 사람을 찾아내 구성면사무소 앞에서 공개처형을 했다는 소문도 퍼졌다. 전쟁의 공포가 평화롭던 산골마을 옴배미에 무겁게 드리워졌다.

전쟁은 밤에 더욱 치열했다. 연합군이 최종방어선을 구축한 낙동강 전선으로 향하는 인민군 탱크와 차량은 미군 정찰기와 전투기, 폭격기를 피해 주로 밤에만 이동했다. 밤이 되면 미군이 터뜨린 조명탄으로 온 사방이 대낮처럼 환해졌고, 폭격기는 인민군 탱크와 차량들에 맹폭을 가했다. 아침이 되면 국도변 곳곳에 파괴된 차량과 탱크들이 검은 연기를 피워 올리고 있었다.

오사카의 밤하늘에서 불꽃처럼 쏟아지던 미군의 소이탄을 바라보며 전쟁의 끝을 예감했던 것처럼, 그날 아침 논두렁에 처박혀 검은 연기를 피워 올리고 있는 T-34 전차를 보며 지긋지긋한 또 한 번의 전쟁도 곧 끝날 것 같은 예감이 들었다.

계절은 어느덧 1950년 가을로 접어들고 있었다. 아침을 먹고 어슬렁어슬렁 골목을 나섰다. 싱그러운 아침 바람에 간밤의 눅진한 기분을 훌훌 털어냈다. 그런데 평소와는 뭔가 공기가 달랐다. 비단 바뀐 날씨 탓만은 아니었다. 마을을 한 바퀴 도는데 이상하게 완장 찬 사람과 인민군이 한명도 보이지 않았다. 마치 밀물 빠지듯 밤새 소리도 없이 사라져 버렸다. 길바닥에는 인공기가 여기저기 나뒹굴고 있었다. 붉은 완장을 차고 목에 핏대를 세우던 사람들은 전쟁이 끝났지만 마을로 돌아오지 못했다.

1950년 9월 15일 맥아더 장군이 이끄는 연합군이 인천상륙작전을 성공시키며 북한군의 퇴로를 끊고, 낙동강 방어선에서 북한군의 2차례에 걸친 공세를 격퇴시키며 우리 군과 연합군은 전세를 역전시켰다.

1950년 가을, 옴배미에서 맞은 두 번째 전쟁이 지나가고 있었다.

● ○ ●

오사카의 방공호에서 불꽃처럼 쏟아지던 미군의 소이탄을 보며 마냥 들떴던 7살짜리 아이의 눈에 전쟁은 어렴풋한 공포였다. 아버지가 다니던 공장이 폭격을 당해 폭삭 내려앉았을 때도 그랬다.

그러나 남들보다 일찍 어른이 되어버린 13살의 내가 경험한 두 번째 전쟁, 6·25는 바로 눈앞에서 마주한 현실이었고, 그만큼 공포는 늘 손에 잡힐 듯 가까이에서 우리 주위를 배회하고 있었다.

전쟁이 끝나고도 몇 년 동안 마을 옆 도로변에는 파괴된 T-34 전차가 처박혀 있었다. 시체들이 널려 있던 논바닥에는 시커먼 벼가 웃자랐고, 참혹했던 전쟁의 흔적은 마을 곳곳에 남아 있었다.

전쟁은 산과 들에 숱한 상처를 남겼지만, 사람들도 예외는 아니었다. 인민군이 오면 인공기를 흔들고, 국군이 오면 태극기를 흔들었다. 그저 살아남기 위해서 갈대처럼 이리저리 휩쓸려 나갔다.

아무런 사상도, 신념도 없이 그저 땅만 바라보고 살았던 순박한 사람들이었지만, 전쟁은 사상과 신념을 강제하며 사람들을 갈라놓았고, 그 상처는 포탄과 총탄이 남긴 것보다 더 오랜 세월, 깊고 큰 상처를 남겼다.

옴배미 엿쟁이

아버지의 기억을 떠올리면 먹구름이 몰려오는 것처럼 가슴에 무겁고 어두운 그림자가 길게 드리워진다.

해방 후 귀국해 정착한 옴배미에서 아버지는 구름처럼 떠돌았다.

옴배미 엿쟁이.

농사일 대신 고물상 지게를 진 아버지의 다른 이름이었다. 그렇게 아버지는 구름처럼 이 마을, 저 마을 지게를 지고 떠돌았다.

나의 아버지, 이강기는 1910년 음력 1월 1일생이다. 할아버지는 농사도 많았고 지역에서 거유(巨儒)로 불릴 만큼 존경받는 분이었다.

일제 말기, 일본은 부족한 전쟁 무기를 만들기 위해 집집마다 놋그릇 등을 강제로 공출했다. 할아버지는 이에 맞서 놋그릇 탈취 등의 항일운동을 하다 일본 순사들에 잡혀가 갖은 고초를 겪으셨고, 고문의 후유증으로 풀려난 지 3일 만에 돌아가셨다고 한다. 1979년 발행된 '대한충의효열록'에 그 기록이 남아 있다.

할아버지는 3형제인 아들들에게 유산을 남겼는데, 큰아들에게는 가장 알짜배기 땅 1,400평 정도를, 둘째인 우리 아버지에게는 600평의 논과 400평 정도의 밭을, 그리고 막내 삼촌에게는 300평의 논과 밭을 남겼다.

그러나 큰아버지의 노름벽으로 물려받은 땅을 거의 다 날려 버렸다. 그나마 천수답 세 마지기를 겨우 건진 게 다행이었지만, 그것으로는 아무리 농사를 잘 지어도 우리 식구 1년 먹을 양식의 절반에도 못 미쳤다.

아버지는 1922년 개교한 과곡초등학교 1회 졸업생이다. 당시로서는 초등학교 졸업도 대단한 학벌이었다. 해방 후 귀국했을 때 옴배미 마을 사람들이 아버지에게 매번 글을 부탁하러 오곤 했는데, 그때마다 멋진 필체로 휙휙 써주시던 아버지의 모습이 그렇게 보기 좋을 수 없었다.

아버지는 15살에 18살 어머니와 결혼했다. 조혼의 관습이 남아 있던 시절이었다. 당시 외삼촌이 일본에서 군수공장 기술자로 일하고 있었다. 공부를 하든, 일을 하든 일본에 가야만 사람행세를 하던 때였다. 아무나 쉽게 갈 수 있는 것도 아니었지만, 가더라도 좋은 직장과 대우를 받으리란 보장도 없었다. 다행히 아버지는 외삼촌 덕분에 당시로는 꽤 괜찮은 오사카의 군수공장에 기술자로 입사할 수 있었다.

아버지에 관한 나의 기억은 대체로 5살이 된 이후의 것들이다. 아버지는 매일 자전거로 출퇴근을 하셨는데, 자전거도 당신 손으로 직접 만들어 타고 다녔다. 동네 사람들이 모두 놀랄 정도로 타고난 손재주와 눈썰미가 있었다.

수입도 그럭저럭 괜찮았고 생활도 별 어려움이 없었다. 다만 술이 문제였다. 아버지는 술을 즐기셔서 거의 매일 술에 취해 퇴근하셨다. 낚시와 바둑도 즐기셨는데, 주말이면 더더욱 낚시와 바둑, 술로 지샜고, 당연히 가정을 돌보는 일은 전적으로 어머니의 몫이 되었다. 이 때문에 두분은 다툼이 잦았다. 그럴 때면 혹시나 우리한테 괜한 불똥이 튈까 걱정이 되어 일찌감치 집밖으로 나가 조용해질 때쯤 몰래 집으로 들어오곤 했다.

해방이 되어서 옴배미 고향마을로 돌아온 아버지는 여전히 술로 소일했다. 농사지을 땅도 얼마 되지 않았지만, 한 번도 제대로 농사일을 해보지 않은 데다 오랜 음주습관으로 건강도 좋지 않았다.

그렇게 구름처럼 떠돌던 아버지는 어느 날 고물행상으로 이 마을, 저 마을 떠돌며 고물과 엿을 바꿔주는 '엿쟁이'가 되었다. 누구 집에 숟가락이 몇 개인지도 다 아는 작은 산골에 이런저런 말들이 돌았다. 학벌도 좋고 일본에서 기술자로 일했다는 양반이 엿쟁이가 뭐냐고 수군댔다. 남들은 그러거나 말거나 아버지는 신경도 쓰지 않는 것 같았다.

정작 그런 아버지보다도 '옴배미 엿쟁이 아들'인 우리가 더 신경이 쓰였다. 형제들이 서로 겉으로 드러내놓고 내색을 하진 않았지만, 제일 듣기 싫은 말이었고 창피하기까지 했다.

시간이 지나 생각해보면 남들의 손가락질과 비아냥에도 아랑곳하지 않고 엿쟁이가 된 아버지의 선택은 용기 있는 행동이었던 것 같다. 몇 마지기 되지도 않는 농사보다는 고물행상이 훨씬 수입이 좋을 거라 생각하셨을 것이다. 농사를 짓기에는 당신의 건강이 허락하지 않았기에 가장으로서 용기를 내셨던 것은 아닐까?

"종우야, 니가 아부지한테 한 번 댕겨 와라."

이른 아침, 집을 나와 대구로 가는 버스를 탔다. 어머니에게 받은 주소를 들고 물어, 물어 겨우 아버지가 일하고 계신다는 엿도가를 찾았다.

말로만 들었지, 엿도가는 내가 생각했던 이상으로 규모가 엄청나게 컸다. 엿도가 옆으로는 고물상들이 가져온 고물들이 집채만큼 쌓여 있었다. 엿도가에는 많은 고물상들이 같이 숙식했는데, 아침이면 리어카로 행상을 떠나고 저녁이 되면 리어카에 고물을 싣고 돌아왔다. 아버지는 이곳에서 고물행상도 나가며 경리 업무도 봐주고 있었다.

"이 노인 아들이가?"

엿도가 사장은 아버지를 '이 노인'이라 불렀다. 40대 초반이었지만 머리가 하얗게 새 그렇게 부른다고 했다. 아버지는 행상을 나가 저녁 무렵에나 돌아올 것이라고 했다.

"너거 아부지는 다 좋은데, 딱 하나 술이 탈이야. 내가 경리 일을 여러 사람한테 시켜봤는데, 열이면 열이 다 속여. 근데 너거 아부지는 안 그래. 정직하고 정확한 사람이지. 아이고, 그노무 술만 좀 어떻게 하믄 딱 좋을낀데."

해질 무렵 엿도가로 돌아온 아버지는 술에 거나하게 취해 계셨다. 뉘엿뉘엿 넘어가는 노을에 더욱 붉어진 낯빛 너머로 쓸쓸함이 진하게 묻어났다.

"막차 끊기기 전에 빨리 가그라."

내 손에 하얀 봉투를 쥐어주며 아버지는 힘없이 웃어 보였다. 나는 꾸벅 인사를 하고는 돌아섰다. 엿도가를 나가는 길 위로 아버지의 긴 그림자가 내 그림자 옆에 나란히, 그렇게 오래도록 함께 드리우고 있었다.

아버지는 1964년 4월, 내가 청구대학 기계공학과 야간에 입학하던 해 향년 55세로 세상을 떠나셨다.

아버지는 성격이 낙천적이신 분이셨다. 남의 집 금송아지도 안 부럽고, 길에 금덩이가 떨어져 있어도 내 것이 아니면 곁눈질도 하지 않으시는 분이었다. 가족들이 쌀이 없어 굶게 돼도 크게 걱정하지 않으셨다. 한 번쯤 가족을 위해 남한테 아쉬운 소리도 하고 손도 벌릴 법 했지만, 그러지 않았다. 어머니 입장에서는 답답할 노릇이었지만, 타고난 천성을 어떻게 할 수 있었을까.

당시로는 배울 만큼 배웠고, 남들이 부러워하는 기술도 가지셨다. 다만 시대와 불화했다고 말하고 싶다.

아버님 이강기

대국에 가도 제난탓

일본이 중국과 러시아도 모자라 이젠 미국하고도 전쟁을 벌일 거라는 소문을 들으며 어머니는 가슴이 조마조마했다.

소문은 곧 현실이 됐다. 1941년 12월 7일, 일본이 태평양 한 복판에 있는 미국의 섬인 하와이의 진주만 해군기지를 폭격했다는 뉴스가 나왔다. 새파란 청년들이 비행기에 폭탄을 싣고 미군 전함에 자살공격을 감행했다는 끔찍한 얘기도 들렸다. 그런 얘기를 들으면 어머니는 '왜놈들이 참으로 독하구나!' 라며 한숨을 쉬었다.

해가 바뀌면서 부쩍 공습경보 사이렌이 자주 울렸다. 사이렌이 울릴 때마다 가슴이 철렁 내려앉았다. 방공호로 대피하는 일은 아무리 자주 해도 익숙해지지 않았다.

그날도 한밤중에 울린 공습경보에 놀란 가슴을 진정시키며 방공호로 대피했다. 폭격기의 소음이 한층 가까워졌고, 폭격의 진동도 더 크게 울렸다. 방공호 천정에서 간혹 후드득 하곤 뭔가 떨어지기도 했다. 나는 겁이나 어머니 품속으로 들어갔다.

그날따라 폭격은 유난히 오래 이어졌고 새벽녘이 되어서야 방공호를 나올 수 있었다. 어슴푸레 밝아오는 여명 사이로 검은 포연이 온통 도시를 덮고 있었다. 아버지는 집으로 가지 않고 곧장 군수공장으로 갔다. 우리는 어머니와 함께 집으로 돌아왔다.

어깨가 잔뜩 처진 채 집으로 돌아온 아버지는 말없이 담배를 빼물었다. 한숨처럼 긴 담배 연기를 내뱉은 아버지를 우리는 불안한 마음으로 바라보았다.

오사카를 떠나 시골마을인 야마구치의 사야마로 이사한 후 아버지는 조금씩 무너지고 있었다.

일본의 항복으로 전쟁이 끝났다. 시댁이 있는 김천 옴배미로 돌아갈 수 있다는 생각에 어머니는 작은 희망을 가졌다. 일본을 떠나 고향으로 돌아가면 아버지도 달라질 거라는 기대를 안고 귀국선에 올랐다.

사야마를 떠나기 전에 찾아온 종성이 형님의 영어선생님 말이 어머니는 계속 마음에 걸렸다. 사야마를 떠나올 때부터 형님은 별로 말이 없었다. 나는 혼자 신이 나 누나와 형을 번갈아 보며 쫑알대고 있었다.

어머니는 뱃속에 든 아이를 쓰다듬으며 먼 바다를 한동안 지긋이 바라봤다.

● ○ ●

어머니는 한 번도 당신의 이름으로 불린 적이 없었다. 옴배미로 시집 와서 얻은 '인동댁'이 당신의 이름을 대신했다.

근방에서 소문난 양반집에 시집 올 때만 해도 주위에서는 시집 잘 간다고 부러워했으리라. 초등학교도 졸업한 좋은 신랑을 만났으니 앞으로 자식들 여럿 낳아서 행복하게 사는 일만 남은 셈이었다.

하지만 사람의 앞일을 어찌 알 수 있을까? 그렇게 잘난 남편이 가족을 떠나 고물행상을 하고, 술에 빠져 살다 병을 얻어 젊은 나이에 세상을 버리리라고, 누가 생각이나 했을까?

우리 형제들은 안다. 어머니는 당신이 할 수 있는 모든 것을 하셨고, 그것이 최선이었다는 것을. 어머니는 평생 자식들이나 남에게 나쁜 말을 쓰지 않으셨다. 산골 마을에서 아무리 어렵고 힘들게 살아도 당신 행실에 워낙 어긋남이 없었기에, 자식들이 남들한테 멸시당하지 않고 살 수 있었다.

직접 의복을 만들어 입던 시절, 어머니는 워낙 솜씨가 좋아 매일 밤 바느질 일이 끊이질 않았다. 하루 종일 들에서 힘들게 일하고 돌아와 밤늦도록 바느질을 하시던 모습이 지금도 어제 일처럼 생생하다.

어머니가 우리에게 자주 하시던 말씀이 있다.

"대국에 가도 제 난 탓이다."

평소에 어머니는 "사람이 후한 끝은 있어도 악한 끝은 없다. 어렵게 살아도 후하게 살아라"고 했다. 남들과 다툰 이야기를 하면 "그건 모두 네 탓이고, 네가 잘 하면 그런 일이 없다"고 하시면서 꼭 "대국에 가도 제 난 탓"이라고 못을 박듯 이야기했다.

2002년 10월, 안중근 의사의 유묵(遺墨)을 보관해오던 일본인이 '안중근의사숭모회'에 그 유묵을 기증한 사실이 동아일보에 대서특필 됐었다.

유묵에는 논어에 나오는 '言忠信 行篤敬 蠻邦可行(언충신 행독경 만방가행)'이란 글이 담겨 있는데, '말이 성실하고 신의가 있으며 행실이 돈독하고 경건하면 오랑캐 나라에서도 행할 수 있다'는 뜻이다. 이 유묵은 현재 보물 제569-25호로 지정돼 있다.

기사를 읽으며 문득 "대국에 가도 제 난 탓"이라고 하시던 어머니의 말씀이 함께 떠올랐다. 어머니가 논어를 배웠을 리도 없을 테지만, 당신이 평생을 온전히 실천하며 살아온 삶이 성인이 설파한 세상 이치와 도리에 닿아 있었음을 새삼 깨달았다. 이후 내 평생 그 말을 가슴에 담고 살아왔다.

"아이고, 우리도 저런 논 한 번 가져 봤으면 죽어도 원이 없겠다."

힘든 농사일을 마치고 집으로 돌아올 때, 온통 황금빛으로 물든 들판을 바라보며 어머니는 혼잣말을 하곤 했다. 천수답 세 마지기에 밤새 삯바느질로 어찌어찌 마련한 밭뙈기로는 서울에서 공부하는 형 학비 대고, 네 식구 입에 풀칠하기도 빠듯한 살림이었다. 어머니의 한숨 섞인 혼잣말은 내 가슴에 늘 응어리로 남아 있었다.

1999년 두산그룹으로부터 안면도에 있는 간척지 30만평을 친구와 함께 사서 논으로 만들었다. 등기권리증이 나온 날 저녁, 나는 벽에 걸린 어머니 영정 사진을 내려 등기권리증 옆에 나란히 놓았다. 집사람과 나는 그 앞에서 한동안 뜨거운 눈물을 흘렸다. 영정 사진 속 어머니가 환하게 웃고 있었다.

1983년 위암 수술을 받으신 어머니는 1986년 향년 80세로 세상을 떠나셨다. 아버지가 돌아가신 뒤로는 대구로 내려오셔서 줄곧 함께 사셨다. 내가 서울로 이직해서도 함께 계셨던 어머니의 부재는 한동안 무엇으로도 채워지지 않았다. 그만큼 어머니의 빈자리는 나뿐만 아니라 우리 형제들에게 너무나 컸다.

돌아가시기 얼마 전 이사한 새 아파트에 엘리베이터가 11층까지 오르내리는 것이 신기한지 어린 아이마냥 "이렇게 좋은 세상을 두고 죽기가 싫구나." 하시던 어머니의 목소리가 아직도 귀에 쟁쟁하다.

이제 내 나이가 어머니께서 이 세상에 다녀간 시간을 넘었다.

어머님 박두임

二章

牛行虎視

우행호시

나를 그리고, 길을 보다

격랑의 시대

봄에 씨 뿌리지 않으면 가을에 거둘 것이 없다

쉰내 나는 청춘

양은 냄비와 숟가락 두 개의 연가

그대는 무슨 일을 하고 싶은가

牛行虎視 우행호시

소는 결코 조급하게 걷지 않고
호랑이는 곁눈질하지 않는다.

나를 그리고, 길을 보다

남을 쫓아가는 걸 멈추고 나의 일들을 기억하기 시작하니 인생에서 많은 것들이 바뀌었다.

휴전은 1953년에 이뤄졌지만 옴배미 마을의 전쟁은 국군과 연합군에 밀려 인민군이 물러간 1951년 가을에 끝났다.

전쟁이 끝나고 우리 집에는 크고 작은 일들이 있었다. 아버지는 돈을 벌겠다고 대구로 나가셨고, 형은 김천에서 중학교를 졸업하고 노기남 대주교가 세운 성의상업고등학교에 갔다. 학비가 없어 학교 급사로 일하며 공부를 해야 했다. 옴배미에 돌아와 태어난 막내 옥선이는 이제 제법 잔심부름을 할 정도로 컸다.

그리고 일선이 누나가 시집을 갔다. 17살, 꽃다운 나이에 누나는 어려운 살림에 입 하나 덜기 위해 시집을 가야 했다. 농사일, 집안일 가리지 않고 고생만 하다 모진 시집살이를 떠났다. 변변찮은 살림에 맨 몸으로 갔으니 시집살이가 편할 리 없었다.

시집가기 전날 밤, 엄마는 손수 하얀 쌀밥을 지어 고봉으로 담아 누나 앞에 냈다. 누나는 아무 말 없이 고봉으로 담은 밥을 덜어 내 밥그릇에 눌러 담았다. 희미하게 웃는 누나의 얼굴이 슬퍼 보였다.

그날 밤, 잠자리에 누운 엄마와 누나는 한동안 잠을 이루지 못하고 뒤척였다. 나도 마찬가지였다.

"내가 죄가 많다."

물기에 젖은 듯 가라앉은 엄마의 목소리가 들렸다. 뜨거운 목울음을 삼키는 누나의 볼이 눈물로 다 젖었다. 누나는 내 손을 꼬옥 쥐었다.

마치 '종우야, 엄마를 부탁해. 누나가 미안해.' 다짐하는 듯 했다. 나는 누나의 손을 꽈악 잡았다. 나를 돌아보는 누나의 고운 얼굴이 웃고 있었다.

날이 풀리면 한해 농사를 위해 논밭을 갈아야 했다. 논밭을 갈려면 쟁기를 끌 소가 있어야 하는데 우리 집에는 소가 없었다. 우리 마을 25가구 중에 소를 가진 집은 10가구 정도였다. 이웃집에서 소를 하루 빌려 부리려면 2~3일 정도 품을 팔아야 했는데, 우리 집에선 어머니의 길쌈일로 대신하거나 내가 며칠씩 다른 집의 일을 하기도 했다. 산골 논밭의 높이 차이가 얼마 안 되는 곳은 다랭이를 합치는 일이 많았는데 그런 일을 도와주고 소를 얻어 부리기도 했다.

제법 날이 많이 풀려서 쟁기가 지나간 자리는 깊이 잘 파였다. 처음 쟁기질을 할 때는 소가 말을 듣지 않아 애를 먹었는데, 하다 보니 제법 요령이 붙어 반나절도 안 돼 밭 한 뙈기를 해치웠다.

점심을 먹고 쟁기질을 하기 위해 논으로 갔다. 소에게도 든든하게 여물을 먹였다. 해가 떨어지기 전에 세 마지기 논을 갈려면 사람도, 소도 든든히 먹어둬야 했다.

"젊은 놈이 언제까지 촌구석에서 농사나 짓고 살래?"

대구에 살고 있던 고모가 엄마와 나를 다그치듯이 내뱉었다. 고모는 내가 옴배미에서 농사꾼으로 사는 것을 마뜩찮아 했다. 엄마의 사정을 이해 못하는 건 아니었지만, 사람구실을 하려면 도시에 나가서 돈벌이를 해야 한다고 했다.

"가을걷이 끝나거든 종우 대구 한 번 보내라."

고모는 다짐받듯 말하곤 자리를 일어났다. 그해 가을걷이를 끝내고 나는 대구 고모네로 갔다. 고모네는 좁은 마당에 여러 개의 방이 다닥다닥 붙어 있는 집에 셋방살이를 하고 있었다. 전매청에 다니는 고모부와 예닐곱 식구가 단칸방에 살고 있었다.

그곳에서 공군에 근무하고 있는 분을 우연찮게 만났다.

"니 몇 살이고?"

나는 이제 스무살이라고 대답했다. 그는 "카믄 인자 군대도 가야겠네."라며 이왕 군대에 갈 거라면 육군보다는 해군이나 공군으로 가라고 했다. 그러면서 두 달에 한 번씩 공군에서 모집하는데 마침 모집 시기가 임박했다며 입대하는 요령까지 자세하게 알려줬다.

이야기를 들으면서 나는 가슴이 뛰었다. 내 앞에 새로운 길이 열리고 있었다.

아침상에 누나가 시집가기 전날 밤처럼 고봉으로 꾹꾹 눌러 담은 하얀 쌀밥이 내 앞에 놓였다. 윤이 자르르 흐르는 쌀알이 방으로 스며든 아침 햇살에 유난히 하얗게 도드라졌다. 나는 누나가 그랬던 것처럼 고봉으로 담은 쌀밥을 옥선이 그릇에 덜어 줬다. 앞니 빠진 옥선이가 새하얀 쌀알처럼 웃었다.

아침상을 물리고 엄마에게 큰절을 올렸다. 지글지글 끓는 구들장에서 후끈 열기가 올라왔다. 까닭 없이 눈물이 쏟아져 고개를 들지 못하고 한참을 엎드려 있었다.

"높은 사람들 말 잘 듣고, 어디 탈 안 나게 늘 조심해라."

엄마는 들썩이는 내 등을 쓸며 말했다. 갈라지고 거친 엄마의 손바닥이 등으로 전해져 들썩임은 더 커졌다.

엄마, 옥선이와 함께 집을 나섰다. 골목에 나와 있던 아랫집 어른이 "몸 성히 잘 댕겨 오니라"며 내 손을 잡았다. 매일같이 지게를 지고 하루에도 몇 번씩 힘겹게 오르내렸던 길, 지게도 지지 않았는데 발걸음은 더 무겁기만 했다. 반걸음 앞서 가고 있는 엄마의 뒷모습이 유난히 쓸쓸해 보였다. 큰 길로 나가는 산모퉁이에 이르러 엄마는 걸음을 멈췄다.

"잘 댕겨 오니라."

떨어지지 않으려는 옥선이를 겨우 달래 엄마 손에 맡기고 나는 산모퉁이를 돌았다. 뒤를 돌아보면 차마 발걸음이 떨어지지 않을 것 같아 성큼성큼 걸었다. 오빠를 부르는 옥선이의 울음이 멀어지고, 큰 길로 내려와서도 그렇게 한참을 걷다 멀리 산모퉁이를 바라봤다.

산골짜기에서 내려오는 한겨울 찬바람을 맞으며 망부석처럼 엄마가 거기에 있었다. 치마폭에 옥선이를 감싼 채 엄마는 훠이, 훠이 손을 내저었다.

뺨을 타고 내린 눈물이 얼어붙어 얼굴이 따끔거렸다.

1959년 1월 4일, 나는 대전 항공병학교 공군 제69기 병으로 입소했다.

지금은 항공병학교가 경남 사천에 있지만, 당시에는 대전 유성에 있었다. 항공병학교는 육군의 논산훈련소처럼 기초 군사훈련을 받는 곳이었다. 소위 '사회물'을 빼기 위해 혹독한 훈련과 얼차려가 낮밤을 안 가리고 이어졌다.

"호로로로롯, 호로로로롯!"

날카롭고 신경질적으로 끊어졌다, 다시 비명처럼 날카롭게 귀를 찌르는 호루라기 소리에 번쩍 눈이 뜨였다. 곧이어 "집합! 1분 내로 연병장으로 집합!" 호루라기 소리만큼이나 날카롭고 신경질적인 조교의 목소리가 내무반을 쩌렁쩌렁 울렸다.

팬티만 걸친 채 1월의 칼바람이 부는 연병장에 섰다. 하루가 멀다 하고 이유도 모른 채 자다 나와서 이 야단을 떨었다. 좌로 굴러, 우로 굴러, 조교의 말에 우리는 말 잘 듣는 강아지처럼 땅바닥을 열심히 굴렀다.

그야말로 군기가 바짝 들었다.

"전우의 시체를 넘고 넘어 앞으로, 앞으로

낙동강아 잘 있거라. 우리는 전진한다."

발목까지 푹푹 빠지는 눈길에 군가를 부르면서 아침 구보로 하루를 시작했다. 부대를 나와 시골길을 매일 아침 달렸는데, 논 한가운데 웅덩이에서 따뜻한 김이 모락모락 솟아오르고 있었다. 들판 여기저기 웅덩이마다 김이 피어올랐다.

그 유명한 유성온천이었다. 일제 강점기였던 1920년대에 세워

졌다는 유성호텔을 비롯해, 해방 후 육군에서 지은 군인휴양소 온천장도 있었다. 당시만 해도 본격적인 온천개발이 이뤄지기 전이어서 들판 곳곳에 뜨거운 온천수가 솟아오르는 걸 보는 게 어려운 일이 아니었다.

아침 구보를 마치고 조교가 신호를 보내자 훈련병들은 누가 먼저라고 할 것 없이 발가벗고 웅덩이로 뛰어들었다. 따뜻한 온천수에 온몸이 녹아내리듯 노곤함이 밀려왔지만, 얼굴에 와 닿는 눈과 차가운 겨울바람에 의식은 더욱 또렷해졌다.

한겨울에도 뜨거운 물 구경하기가 하늘에 별 따기만큼 어려웠던 당시 훈련소에서 따뜻한 온천수에 공짜로 즐기는 노천욕은 특별한 호사였다.

"정비창에 배속된 걸 환영한다. 하지만 이곳에서 일하려면 마지막 폐 기능시험을 통과해야 한다."

고참 병장이 근엄한 목소리로 단호하게 말했다. 항공병학교에서 기초 군사훈련을 마치고 항공정비 병과를 받은 나는 김해의 공군 비행장에 있던 항공기술학교에서 두 달 간의 기술교육을 받았다. 웬만한 운동장 크기의 격납고와 그 안에 있는 실제 항공기의 실물을 보곤 입이 딱 벌어졌다.

항공기술학교에서의 교육과정을 수료하고 마침내 진해 '공군 81 수리창 비수대대'로 자대 배치를 받았다. '비수'는 '비행기 수리'를 줄여 부르는 명칭이었다. 태평양전쟁이 한창일 때 일본군의 경비행기 훈련과 수리창으로 쓰던 곳이었다. 해방 이후와 6·25 전쟁 때 미군과 우리 공군이 개수해서 각 군이 보유한 경비행기의 수리와 점검을 하던 곳이었다.

함께 배치된 동기는 나를 포함해 8명이었다. 하늘 같은 병장의 말에 우리는 바짝 긴장해 허리를 꼿꼿이 세웠다. 병장 뒤로는 부대 선임병들이 엄숙한 표정으로 도열해 있었다.

“맨 우측 신병부터 조종석에 오른다. 실시!”

“실시!”

맨 오른쪽에 있던 동기가 목이 터져라 복창하며 비행기 조종석으로 올랐다. 뒤따라 올라간 선임병이 조종석 아래쪽에 있던 나팔처럼 생긴 검은 호스를 쥐어 주며 힘껏 불라고 했다.

“조종석의 계기판이 움직여야 통과다.”

선임병의 말에 동기는 힘껏 불었다. 옆에서 지켜보던 선임병은 “그것 밖에 안 되나?”며 다그쳤다. 동기는 볼이 터져라 바람을 넣어 불었다. 어느새 얼굴이 벌겋게 달아오르고 눈에는 핏발이 섰지만, 계기판은 야속하게 꿈쩍도 하지 않았다.

실패한 신병은 조종석에서 내려와 엎드려뻗쳐선 엉덩이에 소위 ‘빳따’를 맞았다. 그렇게 8명의 신병들이 차례로 돌아가며 도전했지만, 성공한 사람은 한 명도 나오지 않았다. 마지막 신병까지 엉덩이에 빳따를 맞고 나자 그때까지 병장 뒤에 무표정하게 도열해 있던 선임병들이 갑자기 키득거리며 웃기 시작했다.

“오늘 너희들이 입으로 분 호스는 조종사들이 비행 중 소변이 급할 때 쓰는 소변통 호스다. 최고의 항공정비사가 되기 위해선 반드시 그 맛을 알아야 한다. 오늘 그 맛을 꼭 기억하도록!”

여전히 근엄한 목소리로 웃음기 하나 없이 병장이 얘기했다. 뒤쪽에서 키득거리는 선임병들과 달리 우리는 또 목이 터져라 외쳤다.

"네, 알겠습니다!"

자대에 배치된 후 1년 동안 거의 하루도 얼차려를 거른 날이 없었다. 오히려 얼차려를 받지 않으면 침상에 누워서도 잠이 오질 않을 정도였다. 고참들은 기합이 보약이라고 했다.

매일 통과의례처럼 치러야 했던 얼차려나 고된 훈련은 견딜 만했다. 옴배미에서 농사짓던 것에 비하면 육체적으로 크게 힘든 것도 아니었다. 게다가 삼시세끼 꼬박꼬박 밥 먹여주고, 옷 입혀주고, 재워주니 차라리 호사스럽다고 생각했다.

정작 힘든 건 따로 있었다.

"야, 너 학교 어디 나왔어? 이런 것도 몰라?"

고참에게 야단을 맞다가 불쑥 이런 말을 들을 때면 얼굴이 화끈거렸고, 동기들 앞에서든, 고참들 앞에서든 괜히 주눅이 들었다.

초등학교 잠깐 다닌 것이 전부인 나에 비해 동기들은 대부분 학벌이 좋은 편으로, 대학교에 다니다 온 친구도 있었다. 국민의 절반 이상이 문맹이던 시절에 고등학교까지 졸업한 고학력자들이었다. 나는 괜한 자격지심으로 한동안 그런 동료들 사이에서 물 위의 기름처럼 섞이지 못했다.

"군대나 사회나 마찬가지다. 제대로 인정받고 살려면 첫째 돈이 많거나, 둘째 빽이 있거나, 셋째 주먹 좀 쓰거나, 넷째 학벌이 좋거나, 그리고 다섯째 이도 저도 아니면 인물이라도 좋아야 한다."

하루는 부대장이 말년 병장들을 모아놓고 일장 연설을 했다.

정치깡패들의 위세가 하늘을 찌르고 있을 때였으니 틀린 말도 아니었다. 자유당 정권 말기였던 1960년, 당시 깡패들은 말만 깡

패였지 실제로는 국가권력을 등에 업은 범죄 집단이어서 경찰도 함부로 할 수 없었다.

부대장이 말한 조건에 나를 대입해 보았다. 지독히도 가난한 산골 태생이었기에 돈이 있을 리 만무했고, 어디 갖다 댈 변변한 연줄도 없었고, 주먹질? 이 덩치에 어디 가서 안 맞고 살면 다행이었다. 그리고 초등학교 중퇴에 인물도 그리 내세울 게 없다.

내가 생각해도 참 한심하고 막막한 인생이었다.

"대국에 가도 제 난 탓이다."

불쑥 엄마의 목소리가 환청처럼 귓전을 울렸다.

● ○ ●

대부분 현역병들은 휴가나 외출, 연애에만 관심이 있었고, 오로지 제대 날짜만 기다리는 정도여서 그저 시간만 때울 뿐, 항공기 정비 기술엔 크게 관심이 없어 보였다.

진해 공군 81 수리창에 배치된 나는 매일 아침 누구보다도 먼저 정비창에 나왔다. 돈도 없고, 빽도 없고, 주먹도, 학벌도 없지만, 남들이 필요로 하는 사람이 되자고 다짐했다. 남들이 필요로 하는 사람이 되면 적어도 쓸모없는 인생은 면할 수 있을 거라 생각했기 때문이다.

공군뿐만 아니라 육군, 해군, 해병대 등 각 군이 보유하고 있는 경비행기는 2년에 한번씩 81 수리창에 와서 정비·점검을 받았다.

비행기가 입고되면 엔진을 비롯해 계기, 유압, 전기, 프로펠러 등 수많은 파트별로 맡아 수리와 점검을 완료하고 다시 조립해 시험비행을 한다. 수리를 하고 나면 반드시 수리일지를 작성해야 하는데, 나는 틈날 때마다 그 수리일지를 들춰보곤 했다. 현장의 정비 사례들이 자세하게 기록되어 있어서 일하는 데 많은 도움이 되었기 때문이다.

"비슷한 사례가 수리일지 몇 페이지에 있습니다."

현역 동료들이나 군무원들은 그런 나를 신기하게 바라봤다. 그러면 나는 한 발 더 나아가 누가 정비를 담당했었는지도 알려줬다. 군무원들은 그런 날 기특하게 생각했고, 동료들은 궁금한 게 있으면 제일 먼저 날 찾았다. 그렇게 난 81 수리창에서 '필요한 사람'이 되었다.

그뿐이 아니었다. 영어로 된 기술지시서(T.O, Technical Order : 공군에서 사용하는 각종 장비의 운용, 점검 또는 정비 작업을 위해 기술적인 절차나 제원 등을 수록하고 있는 책)도 사전을 찾아보며 틈틈이 읽었고, 항공기 정비 기술자인 군무원들을 붙들고 궁금한 것은 물어보았다. 그렇게 하나라도 더 배우기 위해 노력했다.

항공기 정비에는 온갖 첨단 장비와 기술이 필요하다. 기술지시서를 보면서 비행기 한 대에 수만 개의 부품이 들어간다는 사실을 알고 얼마나 신기했는지 모른다. 거기에는 모든 부품과 수리할 동체 부분의 재질이나 수리 방법 등 모든 것이 기록되어 있었는데, 일련번호만 알면 마이크로필름으로 된 영상까지 볼 수 있었다. 나는 매번 탄복했고, 그럴수록 호기심은 부풀어 올라 영어사전을 뒤져가며 기술지시서를 탐독했다.

자전거 한 대도 독자적 기술로 만들기 어려웠던 시절, 군대에서 미군 항공기를 분해하고 조립해 볼 수 있었던 것은 내게 분명 행운이었다. 덕분에 나는 산업사회로 가는 일선에서 최첨단 기술을 접할 수 있었고, 조금씩 사물과 기계를 보는 새로운 혜안을 가질 수 있게 되었다.

어머니의 말씀처럼 '대국에 가도 제 난 탓'이었다. 나는 오랫동안 회사를 경영하면서 직원들에게 늘 '근면하라', '신용 있는 사람이 돼라'고 강조했다.

다른 사람이 필요로 하는 사람이 되기 위해 내가 몸으로 깨달은 진리였기 때문이다. '신뢰'는 결코 그냥 얻어지는 것이 아니다. 약속을 지키는 것, 거짓말을 하지 않는 것, 남에게 피해를 끼치지 않는 것 등이 쌓여 신용 있는 사람이 되는 것이다.

신뢰를 얻는 것이 돈이나 빽, 주먹, 학벌이나 인물보다 남들에게 더 인정받고 살 수 있다는 것을 나는 군 생활을 하는 동안 깨달았다.

1959년 2월

항공병학교 수료식

격랑의 시대

며칠 전부터 하늘은 잔뜩 찌푸려 있었고, 바다는 점점 거칠어지고 있었다.

입대 후 맞는 첫 추석이었다. 가족에 대한 그리움과 쓸쓸함에 젖을 새도 없이 몰아친 태풍에 부대는 난리 통을 겪었다. 추석 당일인 1959년 9월 17일, 역대급 규모의 태풍 사라호가 한반도를 덮쳤다.

추석을 앞두고 대부분의 장병들이 휴가로 빠져나간 부대는 앞서 태풍 대비 명령을 받은 상태였지만 역부족이었다. 거대한 자연의 힘 앞에 인간은 무력한 존재일 뿐이었다.

부대가 바다를 끼고 있어 피해는 걷잡을 수 없었다. 활주로에 로프로 묶어놓은 경비행기가 바다로 쓸려가고, 격납고 함석지붕이 마치 휴지조각처럼 하늘 위로 날아다녔다.

오사카와 옴배미에서 겪은 전쟁의 공포보다 더한 밤이 더디게 지나갔다.

1960년 3월 15일, 난생 처음 투표를 했다. 현역 신분이었기에 부재자 투표를 했다. 당시 부재자 투표에 대해 각종 의혹이 제기됐지만, 우리 부대에서는 특정 후보에 대한 압박이나 강권 없이 투표가 진행됐다. 그러나 아무 것도 모르고 군 복무 중인 우리들과 달리 세상은 점점 심상치 않게 돌아가고 있었다.

"거의 모든 선거구에서 유권자들이 중압감에 눌려 있었는데, 항구도시 마산에서 격렬한 시위와 유혈 사태가 발생했다. 사전투표, 3인조 공개투표 등 갖가지 부정투표에 민주당 마산시당은 오전 10시 30분에 선거 포기를 선언했다. 마산시당 상급당인 경남도당은 오후 2시 무렵에 선거무효를 선언하고 부정선거 규탄시위를 감행하여 평화적인 시위행진에 수천 명의 군중들이 호응했다.(중략) 시위대를 해산하기 위해 경찰은 소방차를 동원해 물을 뿌렸고 이에 대항하여 시위대는 돌을 던졌다. 경찰은 최루탄과 공포를 발사하다가 오후 8시 무렵 실탄을 발사했다."

- 3 · 15 마산 시위 아카이브 발췌

3·15 부정선거는 이승만 대통령과 자유당 정권의 몰락을 앞당기는 도화선이 되었다.

그로부터 한 달이 채 지나지 않은 4월 11일 시위 도중 실종된 김주열 학생의 시체가 중앙부두 앞바다에서 발견되었다. 눈에 최루탄이 박힌 끔찍한 모습이 신문에 대대적으로 실렸고, 이 사실을 숨기기 위해 경찰이 김주열 군의 시신에 돌을 매달아 수장시켰다는 사실까지 알려지며 전 국민적인 공분을 일으켰다.

4월 19일, 학생과 시민들의 시위가 서울을 비롯한 전국 각지에서 들불처럼 일어났다.

사회로부터 격리된 부대 내에선 바깥소식을 자세히 알 수 없었다. 현역병으로 근무하고 있던 우리도 정치가 썩었구나, 거대한 조류가 밀려오고 있구나, 하는 정도만 어렴풋이 느끼고 있을 뿐이었다.

머리에 띠를 질끈 두르고 구호를 외치는 시민들의 함성은 거대한 파도와 같았고, 거리를 가득 메우고 밀려가는 군중은 거대한 해일과도 같았다. 도도한 물결을 거스를 수 없다는 점에서 역사와 태풍은 같았다.

군 복무 시절, 나는 서로 다른 두 번의 태풍을 겪으며 조금씩 어른이 되어가고 있었다.

●○●

진해 공군 81 수리창에서 근무했던 나의 군대 생활은 새로운 기회였고, 길을 열어준 시간이었다. 군에서 맞이한 첫 추석에 닥친 사라호 태풍의 위력은 자연의 거대한 힘 앞에 무기력한 인간의 한계를 절감케 했고, 절대 권력이었던 이승만 대통령을 하야시킨 4·19 혁명은 시민들의 힘을 실감케 했다. 하지만 그게 끝이 아니었다. 세상은 다시 한 번 요동쳤다.

1961년 5월, 공군 입대 3년차여서 고참으로 편안한 날들을 보내고 있을 때, 박정희 소장이 이끄는 소장파 군인들이 군사혁명을 일으켰다. 5월 16일 새벽에 벌어진 일이었다. 정치적 입장에 따라 혁명이냐, 쿠데타냐 의견을 달리 하지만, 당시 현역병으로서는 알 도리가 없었다.

다만 매일 저녁 점호 때마다 주번사관이 들어와 무작위로 배를 쿡 찌르면 줄줄 외워야 했던 '혁명공약'은 지금도 생생하게 기억이 난다. 부대 밖으로 외출 갔다가 혁명군을 만나도 여지없이 이 '혁명공약'을 외우게 했다.

1961년 12월 31일, 나는 꼬박 3년을 채우고 만기 제대했다. 36개월 군 복무를 하는 동안 세 번의 격랑이 휩쓸고 갔지만, 세상은 별로 변한 것이 없었다. 거리에는 여전히 자동차보다 자전거와 인력거가 많았고, 극장 입구에는 엄앵란과 신성일이 마주보고 있는 '동백아가씨' 포스터가 걸려 있었다.

다시 돌아온 고향 옴배미 사람들은 여전히 지게를 지고 산 능선을 넘어 다니고 있었다. 상투를 하고 갓을 쓴 노인들이 긴 담뱃대를 들고 다니셨다. 노인들은 옴배미로 돌아온 나를 붙들고 "비행기 타 봤나? 타보이 어떻드노?" 묻곤 했다.

막내 옥선이는 그새 제법 처녀티가 났다. 대학을 졸업한 형은 고등학교 선생님이 되었다. 농사와 삯바느질로 힘겹게 형의 학비를 대느라 허리가 휜 어머니도 이제 좀 허리를 펼 수 있게 됐다. 더 이상 나를 옴배미에 묶어 둘 이유가 없어졌다.

제대하고 고향으로 돌아온 지 얼마 되지 않아 부대에서 같이 일했던 부서장에게서 연락이 왔다. 군무원을 모집 중인데 지원서를 내보라고 했다.

당시 군무원은 준공무원이었는데, 월급도 많은 편이었고 대우도 좋아서 요즘 공무원처럼 인기가 많았다. 그런데 정기적으로 선발하는 게 아니라 충원이 필요할 때 수시로 모집했는데, 지연과 학연 등으로 뽑히거나 낙하산으로 오는 경우가 대부분이었다. 그래서 내게도 그런 기회가 올 것이라곤 생각도 못했다.

"이 병장, 자네만큼 성실한 사람은 우리 군무원 중에도 드물다."

부서장은 군 복무 시절 누가 시킨 것도 아닌데 혼자 그 어려운 기술지시서를 찾아보고, 수리일지를 달달 외우던 나를 좋게 평가한 것 같았다.

제대한 지 얼마 되지도 않아 이론이든, 실전이든 자신 있었다. 나는 부서장의 권유대로 군무원 시험에 응시했고, 내가 지원한 주특기에서 일 순위 후보로 합격했다. 어디서나 필요한 사람이 되자고 했던 내 다짐이 첫 결실을 맺게 되었다.

진해에 있던 공군 81 수리창은 1961년 5·16 군사혁명 이후 대구 동촌(K-2)으로 이전했고 나는 1962년 2월 말, 첫 출근을 했다. 군인에서 군무원으로 신분만 바뀌었지, 군 복무 시절 근무했던 자리에서 그대로 일하는 것이었다.

군무원 생활에 적응하는 데 별 어려움은 없었다. 군 복무 시절부터 함께 했던 사람들이었고, 해오던 업무의 연장선이라 내게는 마치 새댁이 친정집에 놀러 온 것 같은 기분이었다.

K-2로 이전한 81수리창은 동남아에서 가장 큰 격납고를 신축했고, 극동지구에 있는 미군 전투기까지 수리하였다.

봄에 씨뿌리지 않으면 가을에 거둘 것이 없다

"환자분을 시골로 모시는 게 좋겠습니다. 한 방에서 함께 지내시는 건 보호자도 위험합니다."

아버지를 모시고 간 보건소 의사가 심각한 표정으로 말했다. 대구에 올라온 나는 신천동에 방을 하나 얻어 부모님과 함께 지냈다. 혼자 고물행상을 하시며 제대로 몸을 돌보지 않으셨던 아버지가 결핵에 걸렸고, 시골에 계시던 어머니는 아버지 병간호를 위해 올라오셨다.

의사는 공기 좋은 시골에서 요양을 하시는 편이 환자나 보호자 모두에게 나을 것이라고 했다. 의사의 말 속에는 아버지의 병세가 그만큼 위중하다는 뜻도 포함돼 있었다. 의사의 말을 들은 어머니는 "내일이라도 당장 내려가야겠다."며 일어났다. 행여나 자식에게도 몹쓸 병을 옮길까 겁을 먹은 모습이었다.

1960년대까지 결핵은 우리나라 국민들의 사망원인 1위인 병이었다. 지금까지도 한국의 법정 감염병으로 인한 사망자 중 가장 많은 수를 기록하고 있다.

다음날 어머니는 아버지를 모시고 옴배미로 내려갔다.

며칠째 은행 앞에는 사람들이 몰려 북새통이었다. 아수라장이 따로 없었다. 여기저기 욕설이 난무했다. 시장에서 생선을 파는 아주머니는 바닥에 주저앉아 비린내 나는 전대를 풀어놓고 통곡했다. 하얀 도포에 갓을 쓴 어르신은 죄 없는 은행원에게 곰방대를 내저으며 호통을 쳤다.

시장은 더했다. 구권(舊券)으로 쌀이며 옷감 등을 미리 사재기하려는 사람들과 구권은 안 받는다는 상인들 사이에 고성과 욕설이 오갔고, 결국 멱살잡이로 이어져 여기저기 싸움판이 벌어졌다.

나랏일에 함부로 대놓고 뭐라 할 수 없으니 애꿎은 사람들끼리 서로 잡도리를 하고 있었다.

1962년 6월 9일 밤 10시, 정부는 라디오 연설을 통해 긴급통화조치법을 공포하며 통화개혁을 단행했다. 한국은행 총재도 모를 정도로 기습적으로 단행된 통화개혁이었다.

제1차 경제개발 5개년 계획을 추진하면서 비생산적으로 발행된 자금을 영구 동결시켜 인플레이션의 잠재 요인을 제거하고, 동결된 자금을 장기적으로 산업자금화 하기 위해 단행한 것이라고 했다. 그래서 구권인 '환'과 신권인 '원'을 10:1의 비율로 가구당 500원(5,000환) 한도 내에서 바꿔주고 나머지 인출은 국가가 관리한다고 했다.

혼란은 불 보듯 뻔히 예견된 일이었다.

노란 봉투 안에 빳빳한 신권이 들어 있었다. 통화개혁이 단행되고 처음 받는 월급이었다. 봉투 안에는 숭례문이 그려진 500원짜리 지폐를 비롯해 100원, 50원, 10원, 5원, 1원짜리 신권이 골고루 들어 있었다.

당시 100원이면 극장에 가서 영화도 보고, 밥 먹고, 차도 마실 수 있었으니 적지 않은 돈이었다. 나는 월급의 일부를 시골에 계신 부모님께 부쳤다. 결핵에 걸린 아버지는 어머니와 함께 옴배미로 내려가 계셨다. 막내 옥선이는 형이 서울로 데려가 학교에 다니고 있었다.

그즈음 나는 공군에서 같이 근무했고 군무원으로 함께 일하고 있던 황석연이란 친구와 같이 살았다. 방세도 아끼고 생활비도 절약하기 위해서였다. 생활에 조금씩 여유가 생기자 공부를 제대로 해보고 싶어졌다. 군무원으로 일하면서 우리나라가 본격적으로 농경사회에서 산업사회로 넘어가고 있음을 더욱 확신하게 되었고, 기계공학에 대해 제대로 공부하고 싶었다. 비행기 정비를 하는 데도 많은 도움이 될 것 같았다.

문제는 부대 내 분위기였다. 당시 군 장기복무자인 하사관들에게는 진학을 장려했지만, 군무원이 야간대학에 다니는 것은 직장 상사들이 별로 달가워하지 않았다. 몇 날 며칠 고민하던 나는 부서장을 찾아가 얘기했다. 다행히 부서장이 흔쾌히 허락하며 물심양면으로 도와줬고, 나는 27살이란 늦은 나이에 야간대학을 다닐 수 있게 되었다. 일과 공부를 병행하는, 더욱더 허리끈을 졸라매야 하는 날들이 시작됐다.

청구대학 기계공학과 야간부에는 군인, 공무원들이 많았다. 그러나 나처럼 나이가 많은 학생은 없었다. 법학이나 다른 인문학과 달리 기계공학 분야는 대부분 19~20세의 비교적 어린 친구들이 많이 다니고 있었다. 아마 물리, 수학, 역학 등 나이 들어서 공부하기에는 어려운 과목들이 많기 때문인 것 같았다.

1학년 때는 교양과목들이 많아 좋은 성적은 아니었지만 그런대로 공부하는 데 큰 어려움은 없었다. 그러나 2학년 때부터는 전공과목이 많아 수업을 따라가기가 쉽지 않았다. 미적분 방정식에서부터 재료역학, 동역학, 열역학 등 수학의 기초지식이 없으면 배우기가 힘든 과목들로 시간표가 꽉 채워졌다.

낮에는 일하느라 시간이 없었고, 일과 중 틈틈이 짬을 내봐도 수업시간에 따라가지 못하면 뒤처지기 일쑤였다. 동촌비행장에서 일을 마치고 대구역 부근 문화동까지 부지런히 와도 번번이 수업이 시작하는 6시를 넘겨 지각하는 날이 더 많았다. 90분 수업에 10분 쉬고, 그렇게 3교시를 마치면 11시였다. 12시 통금 전까지 서둘러 동인동에 있는 숙소까지 와야 했고, 졸린 눈을 비비며 수업시간에 놓친 부분을 보고 또 봤다. 그러다 스르르 책에 얼굴을 파묻고 잠이 들면 새벽에 일어났다. 오전 6시에 혼자 출근해 다른 동료들이 출근하기 전까지 모자란 공부를 했다.

그러다보니 늘 잠이 부족했고, 하루하루 몸도 마음도 지쳐가고 있었다.

며칠 전부터 도통 풀리지 않는 문제 때문에 혼자 끙끙 앓고 있었다. 아무리 이리 보고, 저리 봐도 도통 이해가 되지 않았다. 며칠

간 골머리를 싸매다 김 소위를 찾아갔다.

당시 내가 근무하던 동촌비행장 81 수리창에는 일류 공대 출신 학사장교들이 꽤 있었는데, 우리 부서에 있던 김 소위는 경기고와 항공대를 나온 재원이었다.

"김 소위님, 이거 한 번 봐주십시오. 아무리 봐도 도저히 이해가 안 돼서…."

나는 김 소위 앞에 교과서를 펼쳐 놓으며 멋쩍게 물었다. 한참을 뚫어져라 보던 김 소위가 장난스럽게 웃으며 말했다.

"이거 다 알고 있는 전공자가 몇 명이나 되나요? 교수 할 생각이세요?"

"그런 건 아니지만…."

"점심시간에 제가 좀 봐 드릴게요."

그렇게 김 소위의 점심시간 과외가 시작됐다. 나는 수업 시간에 잘 이해가 되지 않았던 부분을 체크해서 다음 날 점심시간에 김 소위에게 물었고, 그는 자기가 아는 범위 내에서 친절하게 설명을 해줬다. 1년 정도 이어진 김 소위의 점심시간 과외는 내가 공부를 하는 데 정말 많은 도움이 되었다.

이해가 되고 알 만 하니 공부에도 재미가 붙었다. 수업에도 더 집중하게 되었다. 몸은 피곤했지만 눈은 더 말똥말똥해지고 머리는 맑아졌다. 학교에서 배운 이론을 현장에서 확인하고, 현장에서 보고 느낀 것들은 학교에서 이론으로 보강하면서 나는 하루하루 기계공학도로서의 눈을 떠갔다.

● ○ ●

많은 이들이 내게 '성공의 비결이 뭐냐?'고 묻곤 한다. 남들보다 앞서 선진 기술을 익혔다는 점도 있지만, 무엇보다도 나를 도와준 많은 사람들이 있었기 때문이 아닌가 생각한다.

물론 우리가 소위 '인복(人福)'이라고 하는 것도 우연히, 그저 주어지는 것은 아니다. 나는 아무리 작은 인연이라도 소중히 생각하고, 내가 상대에게 필요한 사람이 되려고 노력했다. 그런 마음이 전해져 신뢰를 얻을 수 있었고, 그 신뢰가 차곡차곡 쌓여 '인복'이 되었다.

모든 성공의 가장 기본은 신뢰이다. 그리고 신뢰는 정직으로부터 나온다. 남들에게 정직한 것은 두말할 필요도 없고, 내 스스로에게도 정직해야 한다. 나는 이 원칙을 지키려고 노력했다.

결혼 후에는 매 학기 등록금에 대한 부담 때문에 속을 끓여야 했지만, 그곳에서 더 큰 꿈을 꾸었고, 내 스스로에 대한 믿음을 더 굳건하게 다질 수 있었기 때문에 끝내 포기할 수 없었다. 그 꿈과 믿음은 나를 강하게 지지하는 든든한 주춧돌이 되었다. 뭐든 시작하면 어렵다고 포기하는 법이 없었다.

요즘도 나는 책을 다 읽은 후엔 맨 뒷장에 사인을 한다. 어떤 책은 중간에 재미가 없어져 덮고 싶지만, 참고 끝까지 읽는다. 그러면 맨 뒷장에 '完(완)'자를 쓰고 날짜도 기록한다. 하기 싫어도 포기하지 않고 끝까지 완수하는 일종의 나 자신에 대한 훈련이었고, 그런 나에 대한 격려와 약속이었다.

이해가 안 되는 게 있으면 이해가 될 때까지 책을 읽고 인터넷을 뒤졌다. 그래도 이해가 안 되면 전문가를 찾아가 답을 구했다.

일본 원서나 신문도 대충 이해하고 보지만 그중에 어려운 문장이나 표현이 나오면 형님에게 물어보고, 형님이 답을 주지 못하면 일본인 친구에게 팩스나 메일을 보내 답을 얻는다.

나와 함께 여행을 다녀본 친구들은 잘 아는 사실인데, 해외여행을 가서 모르는 간판이나 지명, 광고들을 보면 메모나 사진을 찍어 호텔 프런트나 현지인들에게 물어본다. 그래서 내 주머니엔 항상 메모지와 볼펜이 들어 있다.

나의 이런 습관은 어머니로부터 자연스럽게 얻어진 것인지도 모른다. 남이 알아주든 알아주지 않든 제 자리에서 최선을 다하는 것, '대국에 가도 제 난 탓'이라던 어머니의 일생을 관통한 말과 같다.

인터뷰나 강연 때 종종 '분수를 알자'고 하면 사람들이 다들 웃는다. 그게 내 좌우명이라고 하면 또 웃는다. 농담으로 생각하는 것 같다. 이때 분수는 한자로 '分數'인데, 수학에서 배우는 분수와 같은 한자로, 전체에 대한 부분을 나타내는 수를 의미한다.

내가 말하는 '분수를 알자'는 전체에서 자신의 자리를 아는 것, 그리고 자기의 역할을 아는 것을 의미한다. '대국에 가도 제 난 탓'이라던 어머니의 말씀은 내 스스로 분수를 지키는 일이었고 나를 지탱해준 정신이었다.

내게 성공의 열쇠는 신뢰였다. 신뢰는 정직을 바탕으로 나의 자리와 역할을 알아 분수를 지키는 데서부터 시작되었다.

쉰내 나는 청춘

"종우 총각, 오늘 저녁은 우리 집에 와서 잡수소."

평소처럼 새벽에 일어나 출근하려는데 마당에 나와 있던 주인집 아주머니가 부르더니 말했다. 6시도 안 된 이른 시간이라 평소 같으면 주무시고 계셨을 시간인데, 일부러 일찍 나와 기다리신 모양이었다.

"네, 무슨 좋은 일이라도 있으십니까?"

나는 선뜻 내키진 않았지만 짐짓 웃으며 물었다.

"좋은 일은 무슨…, 한집에 사는데 밥이라도 한 끼 대접해야 그게 사람 도리재. 저녁에 일찍 들어오소."

아주머니는 옷깃을 여미며 주인집 안채로 들어갔다.

"종우야, 오늘 주인집에 무슨 일 있나?"

출근한 석연이가 점심시간에 날 찾아와 물었다.

"나도 몰라. 그냥 밥이라도 한 끼 묵자 카시는 거 같은데…."

"아이고, 오늘 저녁 걱정은 잊어뿟네."

석연이는 웃으며 말했다. 주말이라 학교는 가지 않아도 됐기에 석연이와 나는 함께 퇴근해 집으로 갔다. 우리는 대충 씻고 주인집 안채로 갔다.

큰방에는 떡 벌어지게 한 상이 차려져 있었다. 철도청에 다니는 주인아저씨와 아주머니, 그리고 친정어머니와 처음 보는 아가씨 한 명이 미리 와 있었다. 주인아주머니가 자리를 권하는 대로 앉았다.

우리는 오랜만에 받아보는 진수성찬에 눈치 안 보고 양껏 먹었다. 그런 우리를 보면서 친정어머니는 "아이고, 총각들이 잘 먹네." 라며 웃었다. 아주머니는 누구 들으라고 하는 소린지 모르겠지만 "총각들이 얼마나 성실한지 모른다", "군무원이 얼마나 훌륭한 직업이냐", "둘이서 돈 아끼려고 저래 같이 안사나" 등 듣는 우리가 민망할 정도의 칭찬을 입에 침이 마르도록 늘어놓았다. 그러면 친정어머니가 옆에 "아이구!", "저런!" 추임새로 장단을 맞췄다.

맞은편에 앉은 처음 보는 아가씨는 그런 아주머니의 말에 가끔 웃음으로 답하며 조용히 밥을 먹고 있었다.

야간대학을 다니면서 매일 새벽에 집을 나가 한밤중이나 돼서야 돌아오는 생활이다 보니 평소에 주인아주머니와 마주칠 일은 거의 없었다. 주말에나 가끔 스치듯 한 번씩 볼 뿐이었다.

아주머니 보기에 총각 둘이 열심히 사는 모습이 나름 보기 좋으셨던 모양이었다. 수시로 반찬도 만들어주셨고, 가끔 연탄불도 봐주셨다. 그마저도 우리에겐 참 큰 친절이었다.

"우리 질녀 어떻든교?"

주말에 그렇게 진수성찬을 얻어먹고 난 며칠 뒤 아주머니가 나를 잡고 물었다. 알고 보니 그날 함께 저녁을 먹은 아가씨는 아주머니의 조카였다. 고등학교를 졸업했고 집은 팔공산 근처라고 했다.

"총각도 이제 장가갈 나인데, 한 번 생각해보소."

당시 내 나이가 27살이었으니 꽉 찬 나이기도 했다. 나는 곰곰 생각하다 조심스럽게 말했다.

"아주머니도 아시다시피 제가 이제 막 대학교에 들어갔는데, 공부 끝날 때까지는 결혼 생각이 없습니다. 형편도 안 되고요."

그러거나 말거나 아주머니는 날 붙들고 "결혼하면 고생도 안 하고 공부도 걱정 없이 할 수 있다. 총각이 잘못 생각하고 있다"며 설득했다. 그 자리에서는 더 거절할 수가 없을 것 같아 나는 "생각해보겠다" 하곤 아주머니에게서 벗어났다.

나중에야 안 사실인데, 아주머니는 나와 같이 살던 친구 석연이에게도 같은 얘기를 했다고 한다. 심지어 둘 중에 아무나 좋으니 빨리 결정해달라고 했다는 말에 우리 둘은 한참을 웃었다. 그렇게 서로 "네가 하라"고 미루며 시간만 보냈다.

"총각, 생각해 봤어?"

답을 기다리다 지쳤는지 주인아주머니의 목소리에 살짝 짜증이 묻어났다. 나보다 한 살 많았던 친구나 나나 당시로는 결혼이 늦은 나이였다. 그러나 아직 제대로 여자를 만나 본 적도 없었고, 나는 그토록 하고 싶어 하던 공부를 막 시작한 터라 결혼을 생각할 여유도 없었다.

나는 미안했지만 이런 사정을 설명하며 거절의 뜻을 전했다. 아주머니의 표정에 실망한 기색이 역력했다.

"총각들, 방 좀 빼주소."

며칠 뒤 일요일 아침, 느긋하게 아침잠을 즐기고 있는데 주인아주머니가 냉랭한 목소리로 말했다. 점을 봤는데 친정어머니가 딸네 집에 같이 살아야 좋다는 점괘가 나왔다는 게 이유였다.

조카와의 중매가 틀어지자 그날부터 인사도 제대로 안 받아주더니 결국 괘씸죄로 내쫓김을 당하게 됐다. 요즘이야 생각도 못할 일이지만 그때는 집주인 마음대로였다. 다음날부터 친구와 나는 퇴근 후 방을 알아보려 다녔고, 며칠 뒤 효목동 동촌유원지 근처에 방을 구해 이사를 했다.

1964년, 당시 쌀 한 가마니(80kg) 값은 3,700원 정도였다. 요즘 쌀 한 가마니에 22만 원 정도인 걸 감안하면, 단순비교만으로도 화폐가치가 약 60배 이상 차이 난다.

당시 일반 공무원 월급이 4~5천 원 조금 넘었는데, 그에 비해 내가 받았던 월급 5천 원은 먹고 사는데 그리 부족한 돈이 아니었다. 하지만 대학 등록금까지 감당하기엔 벅찬 금액이었다. 더군다나 공과대학은 타 학과보다 등록금이 비싼 편이었다. 정확히 기억나진 않지만 당시 한 학기 등록금이 2만 원 정도였는데, 월급을 한 푼도 쓰지 않고 모아도 빠듯한 금액이었다. 입학과 동시에 허리를 졸라매야 했던 이유였다.

학년이 올라갈수록 형편이 쪼들리다 보니 그나마 월세가 조금이라도 싼 집으로 방을 옮겨 다녀야 했다. 교통비라도 절약하기 위해 학교에서 걸어 다닐 수 있는 거리에 집을 얻으려다 보니, 골목 깊숙한 집이나 반지하, 아니면 옥탑방이었다.

한번은 문간방이지만 학교와 가까운 거리에 방을 얻었다. 남편과 일찍 사별한 할머니가 딸 셋, 아들 한 명과 같이 살고 있었다. 아들은 시청 공무원이었는데, 할머니의 인상이 후덕하셔서 왠지 마음이 놓였다. 최소한 쫓겨날 일은 없어 보였다.

"총각, 뭐하노?"

일요일이라 혼자 책을 보고 있는데, 할머니가 불렀다. 문을 열었다.

"아이고, 맨날 청승맞게 책만 보고 사나?"

할머니는 고스톱을 치자며 나오라고 했다. 안방으로 건너가니 세 딸이 벌써 자리를 깔고 앉아 있었다. 큰딸은 결혼을 했다는데 친정에서 살다시피 했다. 동생 둘은 직장에 다니고 있다고 했다. 그렇게 처음 몇 번은 심심풀이로 어울려 줬다.

문제는 일요일마다 불러내서 고스톱을 치자고 하는데, 매번 내기를 하는 것이었다. 진 사람이 영화도 보여주고 저녁까지 사야 했다. 처음 한 두 번이야 재미삼아 어울려 줬지만 일요일마다 불러대니 더럭 겁이 났다.

월세며 등록금 내고 나면 주머니에 교통비 몇 푼 외에는 쓸 돈도 없는 형편에, 일요일마다 그러고 다닐 형편이 못됐다. 그나마 이기고 빠지면 괜찮은데 지고 빠지면 남자 체면이 말이 아니었다.

"저 이제 고스톱 안 치겠습니다."

노름쟁이 손목 자르듯 단호하게 선언했다. 내 방으로 돌아와 책을 폈다.

"아이고, 총각이 짠내가 풀풀 나네."

"저런 신랑 만나면 무슨 재미로 사노?"

"천하의 자린고비가 울고 가겠다."

할머니와 세 자매가 마루에 앉아 내 흉을 보고 있었다. 남자 자존심에 돈이 없어 못한다는 소리는 못하겠고, 졸지에 자린고비가 됐다.

이후로는 주인집 사람들과 마주치는 것도 서먹해져서 1년도 안 돼 또 이사했다. 이사라 해봐야 책 몇 권, 이불 하나, 냄비 두 개였기에 친구 둘이 와서 들고 택시를 타면 끝일 정도로 간단했다.

●○●

"밥도 몬 묵고 사나? 꼬라지가 이게 머꼬?"

어머니는 나를 보자마자 화부터 내셨다. 직장에 다니면서 공부한다고 제대로 먹지도, 자지도 못하다 보니 그즈음 내 몰골이 말이 아니었던 모양이었다.

아버지가 돌아가시고 나는 어머니를 대구로 모셨다. 여동생은 서울 형 집으로 갔다. 혼자 있을 때는 점심 도시락 하나만 싸 다녔는데, 어머니는 "그러니까 몰골이 그 모양"이라며 매일 도시락 두 개를 쌌다. 하나는 점심에 먹고, 나머지 하나는 학교 가서 먹으라고 했다. 어머니 손맛이 담긴 도시락은 내가 싸던 도시락과는 비교가 되지 않았다. 맛도 맛이지만 왠지 어머니 도시락은 먹고 나면 더 든든했다.

그러나 여름이 되면서 사정이 달라졌다. 이른 새벽에 싸주신 도시락을 하루 종일 가방에 넣고 다니다 보니 종종 상하는 경우가 있었다. 저녁에 도시락 뚜껑을 열면 쉰내가 확 올라왔다. 얼른 쓰레기통에 버리지만 귀한 음식을 버려야 하는 게 그렇게 아까울 수가 없었다.

그런 나를 위해 어머니는 학교를 마치고 돌아오면 자정이 다 된 시간에도 밥을 챙겨주셨다. 어떤 날은 밥 한 술 뜰 기운조차 없어 그냥 쓰러지듯 잔 날도 많았다. 그럴 때마다 어머니는 몇 번이나 밥 먹고 자라고 타박했다. 이렇게 자정쯤 저녁을 먹거나 굶고 자는 불규칙한 식사를 하다 보니 졸업 무렵에는 심한 위장병에 걸려 한동안 고생을 했다.

그렇게 제대로 된 연애 한 번 못해 보고 일과 공부에 파묻혀 청춘을 보냈다. 남들이 출근하기 전에 몇 시간 일찍 나가 혼자 공부하고, 일과 시간에는 일에 몰두했다. 퇴근하면 서둘러 학교로 가서 공부했고 통금이 걸리기 전에 집으로 돌아와 새벽까지 공부했다. 하루에 4시간 이상 자 본 적이 없었다.

그 사이 쉰내 나는 청춘이 다 가고 있었다.

양은 냄비와 숟가락 두 개의 연가

"종우야, 어차피 고생하는 거, 뭘 해도 먹고는 산다. 식구 하나 들어오면 지 먹을 복은 가져 온다."

동인동에 살고 있던 고모는 날 볼 때마다 타박했다. 29살이 된 조카가 장가는커녕 연애도 못 하고 있으니 답답할 노릇이었다. 같이 있던 어머니는 마치 죄라도 진 양 고모와 눈도 마주치지 못했다. 혼기를 훌쩍 지난 멀쩡한 자식을 품에 안고 있었으니 당시 시대상황으로는 그럴 만도 했다. 어머니는 그런 고모가 내심 고마웠다.

"고모가 소개시켜준다는 아가씨 한 번 만나 봐라."

고모가 돌아가고 나면 어머니는 내게 말하곤 했다. 나 역시 마음이 없는 건 아니었다. 환갑이 다 되신 어머니가 매일 꼭두새벽에 일어나 밥을 하는 것이 늘 마음 아팠다.

우리가 살던 싸구려 셋방은 부엌조차 없었다. 그래서 겨울이면 바람 한 점 막아줄 칸막이도 없는 마당 구석에서 새벽밥을 해야 했다. 세숫대야에 물도 밤새 꽁꽁 얼어붙는 한겨울에 곱은 손을 호호 불어가며 밥을 하는 어머니의 모습을 보는 게 너무 힘들었고, 죄송했다.

고모네 옆방에 세 들어 사는 아가씨는 나와 한 살 차이였다. 생일로 따지면 6개월 정도 차이라 동갑이나 다름없었다. 고등학교를 졸업하고 직장에 다니고 있었는데, 28살이면 나만큼이나 그쪽도 사정이 급할 터였다. 학벌도 괜찮고 외모도 홀딱 반할 정도의 미모는 아니었지만 수수한 편이었는데, 나만큼이나 가난한 집안 형편 때문에 혼기를 놓쳤다고 했다.

급한 처지에 등 떠밀리다시피 만났지만 첫인상은 그리 나쁘지 않았다. 고모가 자리를 비켜준 후 우리는 간간히 어색한 침묵 속에서 이런저런 이야기들을 나누며 서로에 대해 조금씩 알아갔다. 내가 야간대학에 다닌다는 이야기에 그녀는 고개를 끄덕였다. 이미 고모에게 다 들은 얘기였지만 내 이야기에 귀를 기울여주는 모습이 좋았다.

그녀도 내가 그리 싫지 않은 눈치였다. 첫 만남 이후 우리는 서로 편지를 주고받으며 계속 연락했다. 우편으로 보내거나 고모네 집으로 가서 직접 전해주기도 했다.

평일에는 학교에 가느라 서로 만날 시간이 없어 주로 주말에 만났다. 남들처럼 평일 저녁에 퇴근하고 같이 데이트도 하면 좋았겠지만, 내 사정이 그러니 어쩔 수 없었다. 그녀도 딱히 그 부분에 대해선 크게 개의치 않았다. 그래도 나는 왠지 마음이 쓰였다.

"저렇게 편하게 공부하고 걱정 없이 학교 다니는 애들도 많은데…."

주말을 맞아 경북대학교 캠퍼스로 데이트 코스를 잡았는데, 캠퍼스를 나란히 함께 걷던 그녀가 불쑥 혼잣말처럼 말했다. 잠도 제대로 못 자며 낮엔 일하고 밤엔 공부하는 내 생각에 자신도 모르게 흘러나온 말이었다.

"다들 나처럼 힘들게 공부하는 것보단 낫잖아요."

대수롭지 않은 듯 웃으며 말하는 날 보고는 그녀도 같이 웃었다.

"그렇죠? 하하하."

캠퍼스를 나와 우리는 근처 중국집으로 갔다. 짜장면 두 그릇에 군만두 하나를 추가했다. 돌아서는 종업원을 붙들고 그녀가 "군만두는 됐어요."라며 취소했다.

내가 다시 종업원을 부르려 하자 그녀는 내 팔을 잡았다. 나는 짐짓 화난 채 팔을 뿌리치곤 종업원을 불러 군만두를 추가했다.

"군만두 하나 정도는 괜찮아요."

나는 그녀에게 웃으며 말했다. 주머니에 교통비 몇 푼도 아끼며 살아야 했던 형편에 주말 데이트 비용이 솔직히 부담이 되기도 했다. 그런 내 사정을 잘 알고 있던 그녀였기에 매번 이런 실랑이를 벌여야 했다. 그런 그녀의 마음 씀씀이가 고맙기도 하고 한편으론 미안했다.

그녀와 만난 지 6개월 정도가 됐을 때 어느 날 갑자기 연락이 뚝 끊겼다. 편지를 보내도 답장이 없었다. 처음엔 무슨 일이 생긴 건 아닌가 걱정이 됐다. 그러나 두세 달이 지나면서 그녀가 의도적으로 나를 피하고 있다는 생각이 들었다.

꼬박꼬박 답장이 오고 주말이면 데이트를 하면서 서로 좋은 감정을 키워왔는데, 고모네 집에 직접 찾아가서 물어보고 싶었지만, 혹시라도 그녀가 거절한다면 괜히 고모도 불편할 것 같아서 그냥 혼자 앓았다.

'그래, 나처럼 불알 두 쪽밖에 없는 놈과 어떻게 평생을 약속할 수 있겠나.'

나는 그녀의 입장을 이해하기로 했다. 그러나 쓰린 속은 어쩔 수 없었다.

마음이 헛헛했다. 이제까지 아무렇지도 않게 지내왔던 시간들이, 그녀의 빈자리만큼 삐걱거렸다. 일을 하다가도 문득 가슴 한구석에 휑하니 바람이 지나갔다. 주말이면 그 바람은 더 큰 회오리가 되어 마음을 휘저었다.

가슴 한구석에 일던 바람이 진정되어 갈 때쯤, 그녀로부터 연락이 왔다. 약속 장소에 나온 그녀를 보자 반가움보다 걱정이 앞섰다. 핏기 없이 창백한 얼굴에 초췌해진 모습이었다. 나는 걱정스런 얼굴로 그녀를 말없이 바라봤다.

"미안해요."

창백한 얼굴로 그녀가 말했다. 나는 마땅한 말이 떠오르지 않아 그저 어색한 웃음으로 답했다.

"우리 결혼해요."

그녀의 입에서 튀어나온 말에 나는 깜짝 놀랐다. 몇 달 동안 연락도 없다가 갑자기 만나자고 해서 나왔는데 결혼을 하자니…. 난 웃지도 못하고 황당한 표정으로 그런 그녀를 보고 있었다.

나와 같이 군무원으로 근무하는 선배 중에 은해수 씨가 있었는데, 그녀는 은해수 선배가 사촌오빠의 처남이라고 했다. 나와 6개월 정도 만나면서 서로 좋은 감정들을 쌓아갈 때, 그녀의 집안에서 결혼을 염두에 두고 은해수 선배에게 나에 대해 물어보았다고 한다.

"사람은 성실하고 괜찮은데 가진 것이 너무 없다. 키가 작고 외모도 그리 훌륭한 편은 아니다. 그리고 28살에 아직도 야간대학에 다니는데 졸업한들 언제 성공하겠느냐?"

진해 비행장 시절부터 나와 같이 근무했던 은해수 선배가 나에 대해서 나쁜 감정이 있었던 것은 아니었다. 아무래도 결혼을 전제로 물어오니 있는 그대로 말한 것이 받아들이는 입장에서는 충분히 오해할 소지가 있을 수 있었다.

어느 부모인들 딸을 자기네보다 더 가난한 집에 시집보내고 싶을까? 부모님들의 반대도 충분히 이해할 수 있었다.

"엄마, 아버지, 우리 조건도 그리 좋은 건 아니잖아요."

집안의 반대에 혼자 고민하던 그녀는 부모님을 설득했다. "우리 집도 가난하긴 마찬가지고, 나도 혼기를 놓친 나이입니다. 그 사람한테 시집가겠어요." 그녀의 고집에 결국 부모님들도 설득될 수밖에 없었다.

1966년 3월 26일 토요일, 대구 명덕로터리에 있는 동원예식장에서 나는 그녀와 결혼식을 올렸다.

신랑 이종우, 신부 신광순

내 평생의 동반자, 신광순 여사와 부부가 되었다.

당시에는 보증금이라는 개념이 없었다. 선금으로 방세를 지불한 뒤 열 달이 지나면 다시 방세를 한꺼번에 내야 했다. 6개월 치 월급을 한 푼도 안 쓰고 다 모아도 한 학기 등록금 내기에 빠듯한

데, 방세까지 매번 목돈으로 지불하다 보니 살림은 늘 쪼들릴 수밖에 없었다.

군무원 월급만으론 생활이 어려워지자 어머니와 아내는 동네 구멍가게에서 종이봉투 붙이는 일을 부업으로 시작했다. 종이 귀퉁이에 풀칠을 해서 종이봉투를 접는 일이었는데, 온종일 고부가 마주 앉아서 풀칠을 해봐야 몇 푼 되지도 않았다. 그래도 어머니와 아내는 반찬값, 연탄값 정도는 나온다면서 열심히 풀칠을 했다.

비닐봉지가 나오면서 부업은 비닐봉지 붙이는 일로 바뀌었다. 종이봉투는 풀칠만 하면 되는데, 비닐봉지는 연탄불에 인두를 달궈 비닐 양쪽을 녹여 봉해야 했다. 온종일 좁은 방안에 비닐 녹는 냄새가 진동했다. 하루 종일 그 독한 냄새를 맡으며 얼마나 힘이 들었을지, 늦은 밤중에 돌아온 나는 그저 미안할 뿐이었다.

나 때문에 고생하는 어머니와 아내를 생각하면 당장이라도 공부를 포기하고 싶었다. 그때가 내게는 숨이 거의 턱까지 차올랐던 시기였다. 그때 내가 공부를 포기하지 않고 끝까지 완주할 수 있었던 건 어머니와 아내 덕분이었다.

하버드대학의 한 연구팀이 40여 년 간의 추적실험을 통해 성공하는 사람들에겐 재력이나 재능보다 더 중요한 무엇이 있다는 것을 밝혀냈다.

성공한 사람들은 한계상황에 왔을 때 참고 한 걸음 더 내딛는 그 '무엇', 다시 말해 포기하고 싶을 때 한 호흡 참고 한 번 더 도전하는 그 '무엇'이 있다고 한다. 그 무엇이 바로 '그릿(Grit)'이다. 우리말로 하면 끈기나 근성일 수도 있다. 그 한 걸음, 한 호흡이 그들을 성공으로 이끈 힘이라는 것이다.

내가 그 한 걸음, 한 호흡을 가져갈 수 있도록 한 것은 어머니와 아내였다.

그 사이 큰딸 혜옥이가 태어나고, 연년생으로 둘째 혜주가 태어났다. 딸딸이 아빠가 됐고 우리 가족은 다섯 식구가 됐다. 혜주가 태어날 땐 그나마 내가 대학을 졸업해 등록금 걱정은 없었다.

"아들이었으면 좋았을 낀데…."

산파원에서 첫째 혜옥이를 데리고 집으로 왔을 때 어머니가 아쉬움이 잔뜩 묻은 목소리로 말했다. 당시만 해도 남아선호가 심했던 때라 어머니의 마뜩잖은 반응은 당연한 것이었다.

"엄마, 첫딸은 살림 밑천이라 안 합니까?"

내 말에도 어머니는 시큰둥했다. 그런 어머니와 살면서 이후로 줄줄이 딸 넷을 낳았으니, 아내의 마음고생이 얼마나 컸으랴.

"위암 말기라구요?"

의사의 말에 아내는 눈물을 훔쳤다. 대구에서부터 함께 봉투도 붙이며 어려운 시절을 견딘 어머니와 아내는 친정엄마와 딸처럼 사이가 좋았다. 서울에 올라와서도 어머니는 우리 집이 편하다며 계속 함께 지냈다. 자연히 아이들도 그런 어머니를 잘 따랐다.

신길동에 살 때 어머니는 위암 수술을 했다. 수술 후 한동안은 경과가 좋은 듯 했는데 6개월쯤 지나자 다시 통증을 호소하셨다. 다시 찾은 병원에서는 이미 온몸에 암세포가 퍼져 더 이상 손을 쓸 수 없다며 강한 진통제를 처방해 주었다.

모르핀처럼 마약성분의 진통제로 통증이 올 때마다 주사를 해줘야 했다. 처음엔 하루 한두 번 주사로 통증을 멈출 수 있었지만, 갈수록 그 간격이 짧아졌고, 나중에는 회사에서 퇴근해 어머니 엉덩이에 진통제 주사를 놔주는 것이 가장 급한 일이 됐다.

그렇게라도 어머니의 고통을 줄여드리는 것밖에 자식으로서 할 수 있는 게 없다는 것이 절망스럽고 아팠다.

그날도 퇴근하고 서둘러 귀가를 했다. 곧장 어머니 방으로 가니 아내가 어머니 엉덩이에 머리를 박고 있었다. 독한 진통제로 변비가 심해져 관장으로도 변을 볼 수 없게 되자 아내가 직접 손으로 변을 빼내고 있었다.

순간 눈물이 핑 돌았다. 목구멍으로 금세 뜨거운 울음이 치고 올라올 것만 같았다. 아내에게 들키기 싫어 나는 급히 방문을 닫고 거실로 나왔다. 어머니 방문을 붙들고 한참을 울었다.

요즘 같으면 좋은 요양병원으로 모셨겠지만 당시는 중환자를 위한 시설이 없어 아내가 일일이 어머니의 병시중을 직접 다 했다. 매일 어머니의 몸을 씻기고 변을 도와주며 간호에 정성을 다 했다.

그렇게 6개월 정도 아내의 지극한 병시중을 받으시던 어머니는, 1986년 1월 18일 세상을 떠나셨다. 생의 마지막을 진통제에 의지해 힘들게 보내셨지만, 딸 같은 며느리의 손을 잡고 편히 눈을 감으셨다.

●○●

장인은 6·25 사변 전만 하더라도 대구에 사업체도 있었고, 여기저기 땅도 많은 지주였다. 전쟁이 끝나고 이승만 대통령 때 농지법이 시행되면서 땅을 모두 빼앗겼다고 한다.

당시 농림부장관이었던 조봉암은 사회주의 계열이었는데, 직접 밭을 갈고 농사를 짓는 소작인이 농지를 소유해야 한다는 '경자유전의 원칙'을 내세워 농지법을 시행했다.

당시 장인의 땅을 소작하던 이들 대부분은 일가친척들이었는데, 농지법이 시행되고 나니 남들보다 더 무섭게 변했다고 한다. 돈 앞에서는 형제고, 친척이고 없었다. 수천 평의 땅을 전부 빼앗기고 말았다.

엎친 데 덮친 격으로 장인이 벌여놓은 사업체마저 도산하며 집안이 한순간에 무너져 버렸다. 장인 역시도 격변하는 시대의 희생양이 된 셈이었다.

결혼할 당시 나는 대학교 3학년이었다. 우리는 해운대로 신혼여행을 갔다.

"졸업 후에 좋은 직장을 못 구할 수도 있어요. 그러면 문관(군무원)으로 계속 있어야 할 텐데…, 그래도 괜찮아요?"

그날 저녁, 이제는 아내가 된 그녀에게 물었다.

"우리가 사이좋게 살면 되죠. 아무리 어려워도 사이좋게 살아요. 우리."

그녀가 웃으며 말했다. 그런 그녀가 너무 고맙고 든든해 꼬옥 안았다. 그녀라면 어떤 어려움이 있더라도 같이 헤쳐 나갈 수 있을 거라는 믿음이 들었다.

신혼여행에서 돌아와 처갓집에서 하루를 묵은 우리는 신혼집으로 가기 위해 택시를 불렀다. 이불 두 채와 냄비 두 개, 수저 두 쌍, 그릇 몇 개가 혼수품의 전부였다. 택시 한 대면 넉넉했다.

그렇게 어머니와 살던 자취방에서 우리의 신접살림이 시작됐다.

50여년이 흐른 지금,

"학생들과 이웃을 조금이라도 도울 수 있는 형편이 되었으니 얼마나 행복하냐? 부자로 살다가 가난하게 끝나는 것보다 가난하게 살다가 인생 후반에 여유 있게 사는 것이 더 행복하지 않냐?"

아내와 나는 사이좋게 웃으며 말한다.

1966년 3월 26일,

대구 동원예식장에서 신광순 여사와 부부의 연을 맺었다.

그대는 무슨 일을 하고 싶은가

1968년, 대학을 졸업했다. 내 나이 서른하나였다.

1년에 두 번씩 내야 했던 등록금 부담을 덜어 돈 걱정은 한시름 놓을 수 있게 됐다. 공부한다고 그동안 고생했던 가족들 생각해서라도 더 좋은 보수를 받을 수 있는 직장을 빨리 알아봐야겠다고 생각하던 차에 마침 현대자동차 신입사원 모집 공고가 났다.

1967년 12월 29일 설립된 현대자동차가 미국 포드자동차와 합작으로 국산화율 21%의 코티나 1600D를 막 선보였을 때였다. 울산의 20만평 부지에 연간 3,500대를 생산할 수 있는 자동차 공장을 건설한 현대자동차는 대대적으로 신입사원을 모집했다.

그런데 입사자격이 '대졸자, 30세 미만'으로 제한되었다. 힘들게 공부를 마쳤는데 이력서조차 내볼 수 없다는 사실이 너무 억울했다.

"경력이 있으면 입사가 쉬우니까 이력서에 대졸은 빼고 내보세요."

밑져야 본전이란 생각에 울산 현대자동차 공장에 가서 담당자를 만났다. 담당자는 경력직으로 들어와 나중에 정식사원이 될 수 있다며 이력서에서 '대학 졸업'을 빼라는 것이었다.

그리고 공군 현역 복무와 군무원 근무 합쳐서 10년 넘게 일했고, 주로 자재관리, 품질관리, 생산관리 파트에서 많은 교육도 받아 스펙도 괜찮았기 때문에 경력직으로 채용될 가능성이 높다고 했다.

'내가 어떻게 공부했는데….'

나는 속으로 많이 화가 났지만 담당자의 말대로 '대졸'을 빼고 다시 이력서를 작성해 제출했다.

군무원 생활이 그리 나쁜 편은 아니었다. 당시에는 공무원 직급 체계와 같이 5급을에서 시작해 4급을, 4급갑 순서로 승진했는데, 나는 4급갑까지 진급했으니 직급도 상당히 오른 편이었다.

하지만 4년 동안 힘들게 공부했기에 좀 더 희망이 있고 보수도 좋은 직장을 원했고, 동료들도 그러길 원하고 응원했다. 그런데 나이 제한에 걸려 웬만한 대기업엔 원서조차 낼 수 없었고, 제대를 앞둔 말년병장처럼 마음만 들떠 있었다.

1968년 9월, 나는 현역과 군무원을 합해 10년 정도 근무했던 공군 군수사령부 제81수리창을 나왔다.

현대자동차에 원서를 내고 하염없이 기다리고 있던 어느 날, 파월기술자를 모집한다는 광고가 나왔다. 당시 파독 광부와 간호사도 모집하고 있을 때였는데, 파월기술자는 월남전에서 미군에 군수지원을 하는 RMK-BRJ라는 미국회사에서 모집하고 있었다.

월남전이 한창이었던 당시 파월기술자는 가장 선망의 대상이 됐던 직업 중 하나였다. 국내에서 받는 월급의 몇 배를 준다고 했다. 나는 곧장 서울로 올라가 접수를 했고, 며칠 후 시험에 응시하라는 연락이 왔다.

시험이 치러지는 서울공고에 도착하니 전국에서 올라온 많은 지원자들로 북적이고 있었다. 경쟁률이 수십 대 일이라고 했는데, 내가 지원한 판금 분야에는 두 사람을 뽑는데 40~50명은 족히 응시한 것 같았다. 오전, 오후에 걸쳐 함석으로 원뿔을 만드는 실기시험부터 구술시험, 영어회화와 면접까지 다 보고 대구로 내려왔다.

며칠 후 곧바로 합격 통보가 왔다. 일정이 빡빡했다. 여권을 만들기 위해 중앙정보부에서 일주일의 교육을 받고 있는데, 현대자동차에서 합격 소식이 왔다.

"돈 몇 푼 더 벌겠다고 그 위험한 전쟁터를 가야겠냐?"

"그래, 니 형 말이 맞다. 현대도 좋은 회사라 카든데 마누라, 애들 놔두고 혼자 어딜 간다 말이고?"

어머니와 형님, 모두 월남으로 가는 걸 말렸다. 대놓고 말은 안 했지만 집사람 역시 마찬가지였다. 위험한 곳이란 건 나도 잘 알고 있었다. 대구 K-2 비행장에 근무하며 하루가 멀게 월남에서 미군 수송기 C52로 후송돼 오는 전상자들을 봐 왔었다. 팔다리가 잘린 사람, 머리가 깨져 미이라처럼 칭칭 싸맨 사람, 싸늘하게 식은 주검들까지….

하지만 우리나라에서 일하는 것보다 몇 배의 돈을 받을 수 있다는데 포기할 수는 없었다. 현대자동차에는 사정이 생겨 내려갈 수 없다고 연락했다.

여권 준비, 중앙정보부 안보 교육 등 모든 출국 절차를 끝내고 출국일 통보를 기다렸다.

가족들의 만류에도 월남행을 결심했지만, 이제 막 세 살과 두 살이 된 재롱둥이 딸들을 두고 갈 생각에 마음이 무거웠다. 그러나 나처럼 쥐뿔도 없는 인생에겐 일생일대의 기회였기에 포기할 수도 없었다.

1969년 1월 31일, 월남으로 가는 출국일자를 알아보기 위해 서울로 가는 제10열차 청룡호에 탑승했다. 차창 밖으로는 굵은 눈발이 세차게 날리고 있었다. 온 세상이 하얀 눈밭이었다.

무심히 창밖을 바라보고 있는데 곧 천안역에 도착한다는 안내 방송이 나왔다. 하차하는 승객들이 짐을 챙겨 객실 앞쪽으로 나가고 있었다. 순간, 갑자기 기차가 큰 충격과 함께 굉음을 내며 하늘로 솟구쳤다. 순식간에 벌어진 일이었다. 하차를 위해 통로에 서 있던 사람들이 우르르 객실 입구로 쓸려갔다. 자리에 앉아 있던 사람들은 앞좌석 등받이에 머리와 가슴을 박고 신음했다. 평온하던 객실은 사람들의 비명과 신음으로 아수라장이 되었다.

그나마 내가 타고 있던 객차는 뒤편에 있어서 큰 피해를 비켜갈 수 있었다. 대구에서부터 내 옆자리에 같이 타고 온 할머니도 많이 다치지는 않았는데, 너무 놀라 제대로 걷질 못했다. 나는 할머니를 부축해 기차에서 내렸다.

눈이 가슴 높이까지 쌓여 있었다. 나는 할머니를 업었다. 천안역까지는 1km 남짓 거리였다. 가장 많은 사상자를 낸 열차 앞쪽 객실에선 사람들의 고통스런 비명과 신음이 끊이지 않았고, 눈밭엔

선혈이 낭자했다.

"쾅 하고 격한 충돌의 소리가 승객들의 귀를 메우는 순간 3등 객차 내는 피가 뿜어 올라 철길을 붉게 물들였고 이어 신음소리와 아우성 소리가 차 안팎을 메웠다."

- 1969년 1월 31일, 경향신문

1969년 1월 31일 오전 11시 55분경 발생한 이 사고로 41명이 사망, 102명이 중경상을 입었다. 이 사고는 해방 후 7번째로 큰 피해자를 낸 사고였다. 당시 박정희 대통령이 직접 피해자들이 입원한 병원을 찾아 위로했을 정도로 국민들에게 큰 충격과 상처를 준 사고였다.

천안역 추돌사고 후 대구로 돌아와 출국일을 기다리고 있었다. 아무 것도 모르는 딸들은 갈수록 재롱이 늘었다. 그러나 출국일이 가까워질수록 집사람의 얼굴엔 근심이 쌓여만 가고 있었다. 말도 못하고 혼자 속앓이 하는 아내의 마음을 모르는 바 아니었지만, 나는 애써 모른 채 하며 아무렇지 않은 듯 무심히 하루하루를 보내고 있었다.

출국일을 얼마 남겨두지 않고 청천병력 같은 소식이 왔다. 파월 근로자를 모집했던 미국회사에서 월남 파견이 취소됐다는 연락이 왔다. 월남에서 미군의 완전철수는 1973년이었지만, 이미 미군의 전세가 불리해지고 미국 내에서도 반전시위가 격화되면서 미군은 철수 준비를 시작했다. 그래서 군인이나 기술자를 더는 파견하지 않게 됐다는 것이다. 미군의 철수와 함께 나의 월남행도 무산이 되고 말았다. 출국을 앞두고 주변을 정리하고 있던 내겐 그야말로 청천병력 같은 소식이었다.

며칠 후 나처럼 월남행을 준비하고 있던 합격자들이 서울역 부근에 있던 RMK-BRJ 사무실로 몰려가 피해를 보상하라며 데모를 한다는 신문 기사가 났다. 가족들의 반대에도 불구하고 좋은 직장도 포기하며 월남행을 준비했던 합격자들에겐 당연히 피해보상을 요구해야 할 상황이었다.

얼마 후 RMK-BRJ 사무실에서 오라는 통보가 다시 왔다. 월남에서의 파월기술자 한 달 치 월급 380달러가 내손에 쥐어졌다.

● ○ ●

배를 타고 갑판 아래를 바로 내려다보면 휘몰아치는 물결에 어지러워진다. 그러나 눈을 들어 멀리 바다를 바라보면 시야가 트이며 가슴도 후련해진다. 살면서 불안해지는 시기는 바로 발밑에 휘몰아치는 물살만을 내려다볼 때이다.

현대자동차 입사도, 파월기술자로 가는 일도 어긋나면서 나는 마음이 조급해지기 시작했다. 서른을 넘긴 나이는 그런 조급함을 더 부채질했다.

월남행이 무산되고 나는 문득 '내 인생의 목표가 과연 취직이었던가?' 스스로에게 물어 보았다. 용두동의 인쇄소에서 처음으로 나는 기술자의 꿈을 꾸게 되었고, 진해 81수리창에서 좋은 기술자가 되겠다는 더 확고한 목표를 세웠다. 그래서 군무원이 된 후 27살에 대학에서 기계공학을 공부하게 됐다.

취직은 좋은 기술자가 되기 위한 수단일 뿐인데, 가만 생각해보니 그것이 목표가 되어 있었다.

나는 다시 한 번 내 자신에게 물었다. 첫서리가 내리면 이내 죽어버리는 채소가 될 것인가? 아니면 몇 십 년을 견디며 매년 열매를 맺는 나무가 될 것인가? 나는 한해살이가 아닌 여러해살이 나무가 되기로 했다. 조금 늦더라도 단단하게, 빨리 가기보다는 멀리 가자고 내게 답했다.

우행호시(牛行虎視)라는 말이 있다. 소처럼 걷고 호랑이처럼 보라는 뜻이다. 소는 결코 조급하게 걷지 않고, 호랑이는 곁눈질하지 않는다. 남들보다 늦은 출발이었지만 앞을 보면서 한 걸음, 한 걸음 나아갈 것, 나는 더 이상 조급해하지 않기로 했다. 조급할수록 곁눈질을 하게 되고 점점 자신의 목표와는 멀어지게 된다. 마음만 급하고 해결되는 것은 하나도 없다.

조급할수록 오히려 곁눈을 팔지 않고 앞으로 한 걸음 내딛는 것이 필요하다. 그만큼 앞으로 나아갈 수 있기 때문이다.

샘 월튼은 44세에 월마트를, 헨리 포드는 44세에 자신의 자동차 회사를 세웠다. 조지 포먼은 45세에 세계 복싱 헤비급 챔피언이 되었고, 레이크 록은 53세에 맥도날드 체인점을 시작했다. 할아버지 동상으로 유명한 커널 샌더슨은 66세에 파산했지만 새로 KFC 프

랜차이즈를 시작했고, 도리스 해덕은 89세에 미국 횡단에 성공했다.

"그대의 나이는 몇 살인가?"라고 물을 게 아니라 "그대는 무슨 일을 하고 싶은가?"로 질문을 바꾸어야 한다.

1968년

대학 졸업식

三章

磨斧作針

마부작침

나의 결정이 진정한 내 모습이다

스프링 셔터 새길을 열다

짜장면보다 비싼 커피를 왜 마셔

회장님, 사업은 돈놀이가 아닙니다

한국호머 기술자립의 꿈을 현실로

경량형강 선두 주자 한국호머

물을 많이 주면 뿌리를 내리지 않는다

서울온수산업단지관리공단

일본 도야마 기계공업센터와 자매결연

磨斧作針 마부작침

도끼를 갈아 바늘을 만들듯

어려운 일이라도 꾸준히 노력하면 이룰 수 있다

나의 결정이 진정한 내 모습이다

"어머, 그 할머니 우리 숙모예요. 반장님."

직원들과 회식 자리에서 얼마 전에 있었던 천안역 기차 추돌사고 당시 애기를 하던 중 여직원 한 명이 깜짝 놀란 듯 날 보며 얘기했다.

당시 나는 대구 동촌에 있던 남선알루미늄 포장반 반장으로 일하고 있었다. 월남행도 불발되고 취직을 고민하고 있을 때 함께 군무원으로 근무하다 이 회사 과장으로 스카우트 되어 갔던 김봉생 선배의 권유로 오게 됐다.

선배는 나를 끔찍이 챙겨주었는데, 손재주가 뛰어나서 모형비행기를 만들거나 중요한 제작품을 만드는 것으로 공군 본부에서 알아주는 사람이었다.

여직원의 말에 나는 반갑기도 하고 놀랍기도 했다. 여직원은 숙모가 천안역 기차 사고 얘기를 할 때마다 "젊은 청년이 역까지 업어줘서 내가 살았다"는 얘기를 했다고 한다. 여직원은 숙모를 대신

해 감사드린다며 내 잔에 술을 따랐다.

흔히 '세상이 참 좁다'고 한다. 잠시 스쳐가는 인연도 함부로 해선 안 된다는 걸 새삼 깨달았다.

남선알루미늄에서 일한 지 6개월 정도 지난 1969년 7월경, 상사로 제대하고 수리창에 함께 근무했던 선배로부터 전화가 왔다.

애들은 잘 크냐, 일은 할 만 하냐 등 안부를 묻고 나서 선배는 단도직입적으로 얘기를 했다.

"한일건재공업주식회사라고 아직은 작은 신생기업이지만, 장래가 유망한 회사다. 웬만한 큰 회사 가는 것보다 나으니까, 거기 접고 서울로 올라와라."

갑작스런 선배의 제안이 고맙기도 했지만 선뜻 결정할 순 없었다. 비록 6개월 정도 짧은 기간이었지만 보수도 괜찮은 편이었고, 직원들로부터도 신임을 받고 있었다. 나 하나 좋으려고 훌쩍 자리를 옮길 순 없었다. 이후로도 선배에게 하루에도 몇 번씩 전화가 왔다. 심지어 대구로 나를 데리러 오겠다며 독촉했다.

쉽게 결정을 내리지 못하고 있던 어느 날 남선알루미늄에 나를 추천한 김봉생 선배에게 그간의 일들을 이야기하며 조언을 구했다. 나를 추천한 선배 입장으로선 좀 곤란한 상황이었을 것이다.

"조금만 기다려봐라."

며칠 뒤 선배가 나를 불렀다. 공장장실로 가서 얘기를 들어보자고 했다. 그 사이 공장장에게 나에 관한 이야기를 전달한 모양이었다.

"이 반장은 우리 회사에 꼭 필요한 사람입니다. 내일부터라도 당장

직책도 올려주고 봉급도 올려줄 테니 계속 같이 일합시다."

공장장은 당시 남선알루미늄 장 회장의 처남이라고 들었다. 내가 새벽에 제일 먼저 출근해 공장 문을 열고, 청소도 하고, 전기도 점검하며 직원들과 함께 늦게까지 야근하는 모습을 평소 좋게 지켜봤다고 했다.

공장장의 진심어린 제안을 한 마디로 거절할 수 없어 나는 "생각해보겠다."고 하곤 공장장실을 나왔다.

"공장장님도 저렇게까지 자네를 붙잡고 싶어 하잖나?"

김봉생 선배가 간절한 눈빛으로 날 설득했다. 서울에 있는 선배는 하루가 멀다 하고 전화를 하며 올라오라 하고, 김 선배는 이렇게 간절히 설득하는 통에 내 고민은 더욱 깊어졌다. 모두 나를 아끼는 선배들이었고, 그 마음을 모르는 바 아니었기에 고민이 더했다.

서울로 올라갈지 말지 고민하다 어느 날 아내에게 그간의 일들을 얘기하며 "어쨌으면 좋겠냐?"고 물었다. 아내는 서울로 올라가자며 이렇게 말했다.

"당신, 봉급 얼마 더 받으려고 일 하는 거 아니잖아요?"

아내의 말에 나는 세게 뒤통수를 한 대 맞은 기분이었다. 길었던 고민도 끝이 났다.

남선알루미늄에서 근무하는 동안 좋은 대우를 받은 것은 사실이었다. 공장장은 내게 더 높은 직책과 봉급을 약속하며 날 붙잡고자 했다. 나를 믿고 추천했던 선배나 동료로서 믿고 따라주는 직원들에겐 인간적인 책임감도 있었다.

그렇다고 한 자리에 머물 수는 없었다. 당시 남선알루미늄에서 하는 일은 단순했다. 건축물에 들어가는 창호를 만드는 일이 전부였다. 기술자로서 내겐 더 이상 비전이 없었다. 그 생각에 이르자 모든 것이 분명해졌다.

1969년 여름, 나는 사표를 내고 다음날 서울행 기차에 홀로 몸을 실었다.

● ○ ●

돌이켜보면 내게는 '인연'이 곧 '운(運)'인 경우가 많았다. 잠시였지만 남선알루미늄으로 날 불러준 김봉생 선배도 군무원으로 함께 근무한 인연이었고, 한일건재로 나를 부른 분도 공군에서 함께 근무했던 선배였다.

인연이 모두 운으로 이어지진 않는다. 그만큼 나와 인연을 맺은 이들 사이에 정직과 신뢰가 쌓였을 때 운으로 이어지는 것이다. 그런 의미에서 그즈음 '필요한 사람'이 되고자 했던 나와의 약속을 지키기 위해 나름 애쓰며 살았다고 자부할 수 있다.

한일건재는 신생 회사로 규모가 그리 크지 않았다. 직원이 30명 정도 되는 중소기업이었다. 한일건재에는 독특한 기업문화가 있었는데, 입사하고 처음 맞이한 새해가 되자 회사 간부들이 사장의 아버지에게 세배를 간다고 했다. 당시 공장장이었던 선배가 내게도 같이 가자고 해서 얼떨결에 나도 세배를 가게 됐다.

"선배님, 1월 1일도 아니고 2일에 세배를 갑니까?"

새해 첫날도 아니고 2일에 가는 게 의아해서 물었다.

"1일에는 박정희 대통령이 세배를 다녀가시거든."

선배는 대수롭지 않은 듯 눈을 찡긋하며 말했다. 나는 속으로 도대체 사장 아버지가 누구기에 대통령이 새해 첫날 세배를 다녀가는지 궁금했다.

이응준 장군의 집은 수유리에 있었는데, 족히 몇백 평은 돼 보이는 저택이었다. 현관에 들어서자 정면에 걸린 사진이 가장 먼저 눈에 들어왔다. 일본육군사관학교 시절 군복을 입고 허리에 긴 칼을 차고 있는 장군의 모습이었는데, 그 모습이 썩 좋아보이진 않았지만, 그렇다고 딱히 내 처지에 겉으로 내색을 할 수도 없었다.

나중에 알게 된 사실이지만 사장의 아버지는 일본육군사관학교를 26기로 졸업한 이응준 장군이었다. 57기로 졸업한 박정희 대통령에겐 하늘같은 까마득한 대선배였다.

이응준 장군은 해방 후 미군정 당시 국방경비대 창설을 주도했고, 이승만 정권 출범과 함께 초대 육군참모총장에 취임하며 국군 최초로 장성이 되었다. 6·25 전쟁 후에는 육군대학 총장을 역임했고, 1955년 9월 중장으로 예편한 후 체신부장관을 지내기도 했다.

"난 평생을 군인으로 산 사람이지만 사업이나 군이나 마찬가지라고 생각하네. 가장 중요한 건 약속은 반드시 지킨다는 걸세. 기업은 품질이 곧 고객과의 약속 아닌가. 이제 시작한 회사인 만큼 그 약속을 더욱 소중히 지켜주게."

세배를 하고 나자 이응준 장군이 말했다. 그리 크지 않은 몸집인데도 목소리엔 힘이 느껴졌고 기품이 느껴졌다. 세배를 마치고 나오는 길에 선배는 내게 이응준 장군에 관한 일화를 하나 소개해줬다.

예편 후 체신부장관으로 근무할 때였는데, 딸이 집에 전화기를 놓고 싶다며 장군에게 부탁을 했다고 한다. 당시에는 국회의원 집에도 전화가 없던 시절이긴 했지만 체신부장관 정도라면 그리 어려운 일도 아니었을 텐데도 장군은 딸의 부탁을 끝내 들어주지 않았다고 한다.

선배의 얘기를 들으며 나는 이응준 장군의 말을 다시 한 번 떠올렸다. 대통령도 세배를 하러 오는 엄청난 분의 입에서 나온 말이 '품질관리'라니, 나는 속으로 좀 놀랐다. 약속이란 가족 간에도, 동료들 간에도, 그리고 내가 만들고 관리하는 기계들 간에도 있다. 품질이란 기업이 고객들과 맺은 가장 중요한 약속이다. 그것은 결코 우연의 결과물이 아니다. 수많은 관계들 속에서 맺은 약속들에 대해 스스로 정직하게 실천하고 두터운 신뢰가 쌓여 나온 결과물이라는 것을 새삼 깨달았다.

훗날 이응준 장군은 한일건재 대표를 맡고 있던 아들의 방만한 경영으로 회사가 파산 위기에 처하자, 수 대(代)를 걸쳐 살아오던 수유리 저택을 은행에 넘겼다. 그 후 국군 장성들 모임인 성우회에서 마련해준 방배동 연립주택에서 살다가, 1985년 96세의 나이로 세상을 떠났다.

스프링 셔터 새길을 열다

불자동차의 사이렌 소리가 급박하게 울린다.

이어서 드르륵 스프링 셔터가 올라가는 소리….

한일건재공업(주)의 '스프링 셔터' 라디오 광고였다. 1969년 여름, 내가 입사한 직후 한일건재는 일본의 쇼와조기(주)와 기술제휴를 맺어 국내에서 처음으로 스프링 셔터를 도입했다.

당시 우리나라에서 사용하던 셔터는 대부분 수동식이었다. 윈치를 손으로 돌려서 올리고 내리는 방식이었는데, 무겁고 시간도 오래 걸렸다. 그나마도 비싸서 대형 공장의 창고 등에서만 일부 이용하고 있었다.

그런데 한일건재에서 출시한 스프링 셔터는 상단에 스프링을 넣어 그 힘으로 셔터를 한 번에 올리고 내리는 방식이었다. 게다가 컬러강판 소재를 써 더 가벼우면서도 튼튼했다. 그리고 다양한 색깔을 선택할 수 있고 설치도 간편해 몇 시간이면 설치가 끝났다. 당시로서는 가히 셔터의 혁명이었다.

내가 입사하기 전인 1968년 11월 23일, 남대문시장에서 대형화재가 발생했다. 시장 중심부가 전소되는 큰 화재였다. 남대문시장에서는 1954년에도 대형화재가 났는데, 그즈음 남대문시장뿐만 아니라 동대문시장, 평화시장 등 재래시장에서 화재사고가 자주 발생했다.

화재의 피해를 키운 원인들 중 하나가 바로 나무로 된 문짝들이었다. 시장 안에 다닥다닥 붙어 있던 점포들은 대부분 나무 문짝을 달았는데, 작은 점포는 세 개 정도면 됐지만, 큰 점포는 10개가 넘기도 했다. 이런 나무 문짝들이 화재가 발생했을 때 불쏘시개 역할을 하며 화재를 더 키우는 원인이 되었다.

남대문시장 화재를 계기로 당시 서울시는 남대문시장 현대화 사업을 추진했고, 문제가 됐던 나무 문짝을 스프링 셔터로 대체하기 시작했다. 1968년 11월 발생한 남대문시장의 대형 화재는 한일건재를 비약적으로 성장시키는 계기가 됐다.

스프링 셔터는 그야말로 대박이었다. 스프링 셔터를 본 사람들은 입을 다물지 못했다. 한 짝씩 떼고 붙이던 나무 문짝 대신 한 번에 주르륵 올리고 내려 열쇠로 잠그면 되니 너도 나도 달고 싶어 했다.

매일 주문이 폭주했는데, 설치할 때까지 한 달 가량 대기를 해야 할 정도였다. 남대문시장의 스프링 셔터 교체 사업에만 수개월이 걸렸다. 시장이라 낮에는 장사를 해야 하기에 주로 밤 10시 이후에 작업을 해야 했다. 당시엔 통행금지가 있었지만 남대문경찰서에서 야간작업 허가를 받았다. 서울시 차원에서 추진하는 사업이기도 했지만 사장의 아버지가 이응준 장군이란 배경도 한몫 했을 것이다.

사람들의 입을 타고 소문은 빠르게 퍼졌다. 동대문시장, 방산시장, 청량리시장 등 전국의 재래시장에서도 주문이 잇따랐다.

공장은 밤낮 없이 돌아갔다. 그래도 폭주하는 주문을 따라갈 수 없었다. 일본에서 들여온 성형기 한 대로는 도저히 물량을 맞출 수 없었다. 당시로는 기계값이 너무 비싸서 한 대밖에 들여오지 못했는데, 이미 성형기 한 대로는 주문을 감당할 수 없었다.

기계공학을 전공한 나는 기계를 모방해 만드는 데 나름대로 자신이 있었다. 일본에서 들여온 성형기는 얇은 철판을 넣으면 셔터바가 나오는데, 꼼꼼히 살펴보니 기계설계가 그리 어려울 것 같지 않았다. 나는 성형기 설명서와 자료들을 참고해 자체적으로 성형기를 만드는 데 성공했다. 그때부터 기계 자동화와 성형화를 본격적으로 추진하면서 소수 인원으로 생산의 극대화를 이루었다. 모든 기계기술을 일본에 의존하던 시대에 원자재를 제외한 성형기를 비롯해 모든 기술을 회사 자체에서 해결할 수 있게 되어 자부심이 컸다.

자연히 매출도 몇 배로 오르다 보니 회사에서도 인정을 받게 됐다. 여전히 원자재는 일본에서 수입했지만 매출 대비 원가를 계산하면 5~6배는 남는 장사였다. 스프링 셔터 시공팀은 저녁때마다 차로 현금 보따리를 들고 왔다. 스프링 셔터를 독점하면서 10년 동안 성장 가도를 달렸으니, 이때가 아마 한일건재의 전성기였을 것이다.

나중에는 여러 가지 형태로 제작이 가능한 성형기가 10여 대까지 늘어났고, 스프링 셔터 외에도 다양한 건축자재와 경량형강들을 생산해 일본으로 수출까지 하는 등 건실한 중견기업으로 성장하게 됐다.

●○●

당시 스프링 셔터가 대한민국을 강타하면서 내로라하는 재벌 임원들의 차고도 스프링 셔터로 바꾸기 시작했다.

故 정주영 회장 자택을 지을 때였다. 지금의 압구정동 현대백화점 자리 근처 배밭에 주택을 신축했는데, 차고에 우리 회사의 스프링 셔터를 달아달라는 요청이 왔다. 주변이 배밭이다 보니 근처에 전기를 끌어올 곳이 없었다. 그래서 건설회사는 동작동 국군묘지에서 배밭까지 전기를 끌어와야 했는데, 전선의 길이만 수 킬로미터가 됐다고 했다.

정주영 회장 집 외에도 세검정에 있었던 대한항공 사장 집 차고, 청와대의 차고 몇 개도 그즈음 스프링 셔터로 바꾸었다.

한일건재는 서울에 처음 입성해 다닌 회사였다. 나로서는 국내 최초로 일본에서 들여온 스프링 셔터와 경량형강 천장재 기술을 활용해 다양한 건축자재를 개발하는 계기가 되었다. 이를 통해 뭐든지 할 수 있다는 자신감을 갖게 해주었다.

스프링 셔터

스프링 셔터 성형기

짜장면보다 비싼 커피를 왜 마셔

남자는 상도동 언덕배기를 오르느라 숨이 턱에 찬 듯 가쁜 숨을 몰아쉬었다. 30대 후반 정도로 보였는데 키가 크고 덩치도 건장했다. 그가 건넨 명함엔 L회사 대표라는 직함이 찍혀 있었다. 남자는 천천히 담배연기를 내뿜으며 말했다.

"뭐, 어떻게 들으셔도 상관없습니다만, 하도 답답해서 실례를 무릅쓰고 이 밤중에 찾아왔습니다."

나는 경계를 풀지 않은 채 그런 그를 물끄러미 바라봤다. 그는 당시 전국을 강타한 스프링 셔터에 거액을 투자했는데, 애초에 이 분야에 대해 잘 알지도 못했고 기술자도 못 구해 계속 돈만 까먹고 있다며 하소연을 했다.

가타부타 답도 없이 가만히 듣고만 있는 내가 답답했는지 그는 연신 담배를 빨고 한숨 쉬듯 담배연기를 길게 내뿜었다.

"혹시 한일건재 사장님이 인척입니까?"

아마 같은 이씨여서 물어보는 듯했다. 나는 대구에서 올라왔고, 사장은 서울 사람인데 인연이 있다면 사장이 공군 장교로 제대했고, 나는 공군 사병으로 제대한 것뿐이라며, 그것도 여기 와서 알았다고 설명했다.

그러자 남자가 안주머니에서 하얀 봉투 하나를 꺼냈다.

"한번 생각해 보세요. 이것도 인연이라면 인연일 수도 있고, 어쩌면 이 형에게도 이 인연이 좋은 기회가 될 수도 있지 않겠어요?"

봉투 속에는 수표가 몇 장 들어 있는 것 같았다. 꺼내 보진 않았지만 적잖은 금액일 거라 짐작은 할 수 있었다. 눈앞에서 이런 제안을 받고 보니 가슴이 좀 떨리기도 했다. 2만 원 정도의 월급에 노량진 판자촌에서 월세를 살고 있던 내 입장에선 심장이 떨릴 법도 했다.

'이건 뭔가 잘못된 것이다.'

나는 침을 꿀꺽 삼켰다. 뛰는 가슴을 진정시키기 위해 큰 숨을 몰아쉬고 말했다.

"제 월급이 2만 원 정도인 건 아십니까?"

그는 잘 알고 있다는 듯 고개를 끄덕였다.

"제가 이 회사에 온지 그리 오래 되진 않았습니다. 또 제가 많은 돈을 받고 스카우트될 만큼 능력이 있지도 않습니다. 지금 회사에서도 충분히 좋은 대우를 받고 있습니다. 비록 오래 근무하진 않았습니다만 회사에 대한 의리도 있고, 앞으로 같은 업종에 계속 종사할 텐데 잘못하면 업계에 서로 나쁜 이미지만 남기지 않겠습니까? 오늘 일은 없던 것으로 하겠습니다."

남자에게 봉투를 돌려주었다. 남자는 이내 난감한 표정을 짓더니 상도동 비탈길을 내려갔다.

평소와 다를 바 없이 남대문시장 상가에서 한창 스프링 셔터 시공을 하고 있을 때였다. 허름한 잠바에 신발도 오래 신어 다 해진, 남루한 행색의 노인이 있었다. 노인은 거의 매일 우리 공사 현장에 찾아와 한참씩 구경하다 가곤 했다.

그 옆에는 늘 두 명의 일행이 있었다. 나중에 알고 보니 그 노인은 우리나라에서도 손에 꼽을 정도로 부자였고, 일행 두 사람은 그의 비서였다.

"한일건재 공장장이신가요?"

어느 날, 매일 그 노인과 함께 있던 사람이 찾아왔다. 차를 한 잔 마시자고 해서 그를 따라 영화빌딩 지하 다방으로 갔다. 그가 건넨 명함에는 영화그룹 비서 이 모 씨라고 적혀 있었다. 그러면서 매일 오던 노인이 영화그룹 회장이라고 했다.

그는 회장과는 먼 친척관계인데 비서로 와서 돕고 있다며, 지난번 우리 집을 찾아왔던 남자와 똑같은 질문을 했다.

"한일건재 사장의 집안사람인지요?"

남대문시장 상가공사는 워낙 큰 공사였기 때문에 내가 자주 현장에 나가서 직접 현장 지휘를 했다. 회장은 매일 공사현장에 나와 우리 직원들을 상대로 회사에 대해서도 알아보고, 한 달 정도 나를 쭉 지켜봤다고 했다.

비서가 다녀가고 며칠 후 그 노인이 직접 찾아왔다. 여전히 추레하고 남루한 행색이었다. 마침 점심때니 자장면이나 한 그릇 하자고 했다.

간단하게 자장면 한 그릇씩 비우고 그를 따라 영화빌딩으로 갔다.

"자네 회사에서 공사하는 F상가 100여개의 점포 주인이 날세. 우리 직원들한테 다 들었는데, 자네가 왕초라며?"

하고 다니는 행색은 허름하기 짝이 없는 노인이었지만, 엄청난 부동산 재벌일 뿐만 아니라 현금 보유도 우리나라에서 손에 꼽히는 수준이라고 했다. 심지어 몇몇 재벌그룹 회장들과도 돈거래를 하는 사이라며 나중에 비서가 살짝 귀띔해줬다. 역시 사람은 겉모습만 갖고 판단해선 안 된다.

사람들은 그 노인을 '왕 회장'이라고 불렀는데, 그 왕 회장이 나를 눈여겨 본 것이었다. 현장에서 빠릿빠릿하게 일하는 게 무척 마음에 든 모양이었다.

"아들이 귀국해서 지금 적당한 일거리를 찾고 있는데, 한 번 같이 해보지 않겠나? 돈은 걱정 안 해도 되네."

왕 회장의 제안은 파격적이었다. 부천에 있는 5천 평의 땅에 공장을 짓고 본격적으로 사업을 맡아 추진해 달라는 것이었다. 그러면서 회사 창립자금으로 4억 원을 약속했다. 그 대가로 내게 아파트 한 채와 차량 1대, 회사 주식 30%를 약속했다. 당시엔 주식에 대한 개념이 거의 없어, 아파트 한 채 제공이란 조건이 더 유혹적이었다.

전에도 이런 경험이 있었기에 신중해지자고 마음을 다잡았지만, 생각과 달리 마음이 자꾸 흔들렸다. 당시 회사 내부 사정이 악화된 데에도 원인이 있었다.

한일건재는 스프링 셔터를 발판으로 승승가도를 달렸다. 회사 규모도 몇 년 사이 몇 배로 커졌고, 공장도 크게 지어 이사를 했다.

직원들도 대거 채용했고 사무실에는 중역들이 늘었다. 나는 회사의 방만한 경영에 점점 실망하고 있었다. 전무에게 회사 경영과 인사 등에 대한 불만을 제기하며 사의를 표시했다.

"우리 회사를 실질적으로 키운 사람이 자네인 것을 누구보다도 잘 알고 있네. 거기에 맞는 대우를 고민해볼 테니 제발 있어주게."

전무의 말이 진심이란 것을 잘 알고 있었다. 그러나 몇 달 뒤 들려온 얘기는 회사에 대한 내 마음을 완전히 접게 만든 계기가 됐다.

"기술자가 불평한다고 다 들어주면 회사가 됩니까? 그냥 놔두면 됩니다. 불평한다고 봉급 다 올려주면 앞으로 어떻게 감당하려고 그럽니까?"

간부회의에서 나온 얘기였다. 공장의 모든 실무가 내 체계로 움직이고 있다는 것을 모두 알고 있었지만, 새로운 임원들에게 나는 그저 언제든 갈아치워도 되는 기계 부품 정도였던 것이다. 사장은 내가 회사에 기여한 걸 생각하면 집 한 채는 사줘야 한다고 말하면서도, 임원들의 반대에 밀려 그냥 관망만 하고 있었다. 처음으로 인간적인 배신감과 함께 허무함이 밀려왔다.

왕 회장의 파격적인 제안을 받고 고민하던 어느 날 어머니가 날 보며 말했다.

"얘야, 니 무슨 일 있나? 그러다 몸 상한다. 어지간하면 니 마음 가는대로 해라."

한 번도 스카우트 제안에 대해서 말한 적이 없었는데, 어머니는 대충 짐작하고 계신 듯했다. 아내도 마찬가지였다. 그제야 나는 어머니와 아내에게 스카우트 제안을 받은 걸 털어놓았다.

"여기서 인정도 받고, 그만큼 월급도 많이 받아서 우리 사는 것도 좋아지긴 했다만, 직장을 옮겨서 혹 잘못된다고 굶어죽기야 하겠나? 하고 싶으면 남자가 한 번 해보는 것이 좋지 않겠느냐?

어머니의 말씀은 혼란스러웠던 나의 마음을 말끔하게 정리해주었다. 아내의 응원에 은근히 용기도 생겼다. 그날 밤, 나는 다시 한 번 도전해 보기로 마음을 정했다. 도전해 보지도 않고 후회하는 것 보다는 차라리 실패하더라도 도전해보고 후회하는 것이 훨씬 낫다고 말이다.

● ○ ●

왕 회장의 본명은 조순금으로, 1945년 해방 직후 황해도 해주에서 부인과 월남해 서울에 자리를 잡았다고 했다. 신문에선 6·25 직후 동대문시장에서 당시 호황이었던 염직업으로 돈을 모았다고 했지만, 남대문시장에서 열쇠 수리도 하고 참빗도 팔았던 시절이 있었다. 그 후 부동산에 손을 댔고, 나중에는 업계에서 왕 회장이라고 하면 모르는 사람이 없을 정도로 큰 부자가 됐다.

사람들은 왕 회장을 지독한 수전노에 고리대금업자라고 흉보기도 했다. 하지만 그가 그렇게 악착같이 돈을 모아 큰손이 된 이면에는 사람들이 모르는 왕 회장의 또 다른 얼굴이 있었다.

왕 회장은 보통 키에 얼굴은 넙데데했는데 늘 웃는 인상이었다.

항상 검은 바지에 흰 잠바, 그리고 한 20년은 돼 보이는 낡은 구두를 신고 다녔는데, 바지가 좀 특별했다.

바지 양쪽에 긴 가죽 주머니가 몇 개씩 달려 있었는데, 통장과 수첩, 현금 다발을 넣는 주머니였다. 비서의 말에 따르면 매일 은행들을 돌면서 거둬들이는 이자가 그때 돈으로 몇천만 원이 된다고 했다.

서울시 경찰청 건너편에 12층짜리 영화빌딩이 있었다. 지금도 그 빌딩은 건재하다. 당시 왕 회장의 사무실은 4층, 내 사무실은 3층에 있었는데, 왕 회장의 사무실엔 책상도 없이 의자만 하나 달랑 있고, 캐비닛들이 줄 맞춰 놓여 있었다. 캐비닛 안에는 채권들이 들어 있었다.

당시 정부는 주택채권, 수도채권 등 국채를 발행해 국민들에게 팔았는데, 왕 회장은 이 채권들을 사들여 캐비닛에 보관하고 있었다. 왕 회장은 1950년부터 연도별로 채권을 사 모았다고 했다. 채권은 장기간 보관해야 하는 대신 만기가 되면 수익이 대단했다.

그리고 당시는 금리가 높아 은행에 맡겨만 놓아도 돈이 저절로 불어났는데, 왕 회장의 경우는 그야말로 돈이 돈을 버는 격이었다. 워낙 현금이 많아 급할 땐 은행에서도 왕 회장에게 돈을 빌려갈 정도였다.

"짜장면보다 비싼 커피를 왜 마셔?"

점심으로 150원짜리 자장면을 먹고, 노점에서 50원짜리 귤 한 봉지를 사 사무실에서 까먹으며 왕 회장이 말했다.

왕 회장은 그렇게 돈이 많으면서도 생활은 자린고비가 울고 갈 정도로 검소했다. 단돈 10원도 허투루 쓰지 않았다. 가끔 직원들이 영화빌딩 지하 다방에서 커피를 사먹는 걸 발견하면 "봉급 얼마나 받는다고 거기서 커피를 사 먹냐?"며 호통을 쳤다. 그럴 때면 직원들은 기겁을 하곤 도망치기 바빴다.

"공장장은 절대 그러지 말게."

왕 회장은 내게 마치 다짐이라도 받아내겠다는 듯 쏘아보며 말했다. 누구나 아는 소문난 갑부였지만 왕 회장은 한결같이 소박하고 검소한 삶을 살았다. 졸부들의 과시욕이나 거드름도 없었다. 돈의 충동질에도 놀아나지 않았고 돈의 허영심에도 빠지지 않았다. 정말 쇠똥구리처럼 쇠똥을 열심히 굴려 부풀려갔다. 오로지 근면함과 근검절약으로 부를 이룰 수 있다는 것을 나는 왕 회장을 통해 보았다.

나중에 내가 따로 회사를 차려 독립한지 몇 년이 지난 어느 날 신문에서 왕 회장 관련 기사를 보고 깜짝 놀랐다. 초등학교 밖에 못 나온 것이 한이 돼 장학사업을 시작했고, 대전의 중도기계공고, 계룡학원, 서울의 은혜학원과 대경초·중·고 등이 왕 회장의 장학사업 지원을 받고 있다고 했다. 말년에 그는 주로 장학사업에 전념했다고 한다.

사실 그는 남들에게 수전노, 고리대금업자란 비난을 들어가며 악착같이 돈을 모았지만, 결코 시간과 돈을 함부로 낭비하지 않았다. 왕 회장에게 돈이란 잘 먹고 잘 살기 위해서 쓰는 것이 아니라 '꼭 써야 할 때, 꼭 필요한 곳에 쓰는 것'이었다.

왕 회장과 함께 있으면서 나는 자연스레 그런 그의 철학을 체득할 수 있었다. 나 혼자 잘 먹고 잘 쓰기 위해 버는 것이 아니고, 돈이 많아서 쓰는 것도 아니라 꼭 필요한 데 써야 한다. 그 '꼭 필요한 곳'이 왕 회장처럼 내게도 '장학사업'이었다.

가난 때문에 공부할 기회조차 얻지 못했던 나와는 달리 앞으로 자라날 새싹들에게 적어도 '꽃 필 기회, 열매 맺을 기회'를 주고 싶었다. 왕 회장은 내게 그 길을 알려주었다.

2012년 11월 8일 모교인 영남대학교에서 내 흉상을 제작해 중앙도서관 옆 잔디광장에서 제막식을 가졌다. 친구 정옥용과 과곡초등학교 9회 동기생 15명이 참석해 주었다. 2002년 내 호를 따 '송암장학회'를 설립하여 모교의 후배들에게 장학금을 기탁한 공로를 기리기 위해서라고 하지만, 한 일에 비해 너무나 과한 칭송을 받는 것 같아 부끄러웠다.

흉상 아래에 '春若不耕(춘약불경) 秋無所望(추무소망)'이란 글귀를 새겨 넣었다. 명심보감 입교편에 실린 말로 '만약 봄에 밭을 갈지 않으면 가을에 거둘 것이 없다'는 뜻이다.

흉상 제막식

회장님, 사업은 돈놀이가 아닙니다

1975년 10월 경 영화철재(주)는 예정대로 오픈했다. 왕 회장의 큰아들이 사장, 내가 상무, 왕 회장의 측근 중 한 명이 부장을 맡아 조직을 꾸렸다. 공장을 짓는 데만 2년이 걸렸다. 공장을 짓고 나서 기계도 만들고 기술자들도 20명 정도 채용해 회사의 규모가 어느 정도 갖춰졌다. 이제 본격적으로 영업을 시작하기만 하면 되었다.

그즈음 왕 회장이 회사 장부를 들고 장충동으로 들어오라고 했다. 점심시간을 넘긴 시간이었는데 거실에는 왕 회장과 사모님이 함께 기다리고 있었다.

"2년 동안 수익이 하나도 없잖아!"

장부를 건성으로 들춰보던 왕 회장이 버럭 소리를 질렀다. 장부를 들고 장충동 자택으로 들어오라 할 때부터 어느 정도 예상은 했었지만, 정말 몰라서 하는 말인지 순간 말문이 막혔다.

이제 막 공장을 완공해서 기계 설비를 갖춘 정도였다. 제조업은 수익이 발생하기까지 시간이 필요했다. 부동산 임대사업처럼 당장 수익이 생기는 게 아니었다. 할 말은 많았지만 꾹 참았다.

그러나 왕 회장은 창업자금 4억 원을 은행에 맡겨 놔도 지금쯤 이자만 몇 억이 됐을 거라며 고함을 쳤다. 공장 짓는데 그만큼 돈을 투자했는데 2년이 지나도록 한 푼도 손에 쥔 게 없다는 것이었다. 고리대금업자다운 발상이었다. 빌딩을 하나 사면 즉시 임대료가 나오는 것처럼 공장도 투자한 만큼 최소한 이윤을 남겼어야 한다는 계산이었다.

기가 막히고 황당했지만 나는 최대한 자제하며 말했다.

"회장님, 이제 막 설비를 갖췄고, 영업도 시작단계이니 일 년이나 이 년 정도 후면 흑자를 낼 것입니다."

그러자 왕 회장은 "돈을 갖고 장난 치냐?"라며 또 소리를 질렀다. 마치 자기 돈 떼먹은 놈 대하듯 하는 왕 회장의 말에 순간 모욕감을 느꼈다.

"회장님, 사업은 돈놀이하고는 다릅니다."

그동안 꾹꾹 가슴 속에 눌러왔던 말이었는데, 그만 부지불식간에 튀어나와 버렸다. 사업의 목적이 돈을 버는 것이기는 하지만 나만 잘 살려고 돈을 버는 것은 아니다. 가까이는 내 식구와 직원들의 생계가 달려 있고, 내가 낸 세금이 국가 발전에 기여하는 등 모두에게 조금이나마 보탬이 되기 위해 사업을 하는 것이라고 생각했다.

'돈놀이'라는 말에 더 흥분한 왕 회장은 장부를 집어던지며 분을 삭이지 못했다. 나는 굳은 표정으로 그런 왕 회장을 바라보기만 했다.

"아니 길바닥에 물건 놓고 파는 것도 아니고, 공장을 이제 다 지었는데 어디서 금방 돈이 나와요?"

그때까지 옆에서 조용히 듣고만 있던 사모님이 안 되겠다 싶었는지 왕 회장을 말리고 나섰다. 왕 회장은 분을 삭이지 못한 채 거친 숨을 몰아쉬었다.

왕 회장의 거친 숨소리를 뒤로 하고 나는 집을 나왔다.

돈에 대한 왕 회장의 집착은 익히 잘 알고 있었으나, 사업은 별개의 문제였다. 사실 왕 회장의 계산처럼 공장을 지으면서 보낸 2년의 시간이 마이너스였던 건 아니었다. 그 사이 공장용지의 땅값은 3배나 올랐다. 하지만 왕 회장은 가만히 뒀어도 오르는 것이라며 인정하려 하지 않았다.

그 일이 있고 며칠 뒤 사장의 처남이란 사람이 전무로 들어왔다. 날 감시하고 견제하기 위해서란 건 말하지 않아도 알 수 있었다. 내겐 아무런 결재권이 없어졌고, 당연히 일하기는 더 힘들어졌다. 작은 물건 하나를 사려고 해도 일일이 결재를 받다 보니 회사 내에서도 운신의 폭은 점점 좁아졌다. 계약을 따내려면 영업비도 나가야 하고, 때로는 사후에라도 결재를 받아야 하는데 그런 모든 일에 제약을 받았다. 그렇다고 내 돈을 쓰면서 영업을 할 수는 없는 노릇이었다.

"큰 회사에서 공장장으로 잘 있던 사람을 데려다가 이게 무슨 짓입니까? 이래서는 회사가 안 돌아갑니다."

이런 회사 사정을 잘 알고 있던 왕 회장의 측근 경리부장이 보다 못해 사모님을 찾아가 하소연을 했던 모양이었다.

경리부장은 날 찾아와 사모님의 이야기를 들려주며 힘없이 웃었다. 경리부장의 말에 사모님은 "우리 영감은 아무도 못 말린다.

그러니 이 상무나 부장이 이해 좀 해라"며 사모님의 생일날 있었던 일을 들려줬다고 한다.

왕 회장이 웬일로 사모님의 생일이라며 남산 올라가는 길목에 있던 고급 중식집에 데려가서는 고급 요리와 맥주를 시켜주었는데, 사모님은 양이 많아 음식을 좀 남겼다고 한다. 그러자 왕 회장은 눈을 부라리며 화를 냈고, "이걸 왜 남기냐?"며 꾸역꾸역 남은 음식들을 다 먹었다고 한다.

그리고선 집으로 돌아와 토하고 난리가 났다면서 그런 양반이니 오히려 우리에게 이해를 구하더라는 것이다.

나는 더 이상 이곳에 나의 미래는 없다고 판단했다. 내가 변하지 않으면 세상도 변하지 않는다. 내가 움직이지 않으면 번민도 그 자리에 그대로 있다. 나 스스로 매듭을 끊어야 했다.

1977년 5월, 나는 미련 없이 사표를 던졌다. 나는 기술자로서 기계를 설계하고 제작하는 일이 좋았고, 그 일을 통해 조직 내에서 인정을 받을 때 무엇보다도 뿌듯했다. 그런 성취감들이 나를 지치지 않게 했다.

왕 회장과의 갈등은 처음으로 내 사업을 해야겠다는 결심을 한 계기가 됐다. 처음 나를 스카우트 할 때 보상약정서를 제시하면서 공증까지 하자고 했지만 나는 굳이 그럴 필요는 없다며 사양했었다.

당시 아파트 한 채, 차량 한 대, 주식 30%를 약정했는데, 차량 한 대와 주식 30%는 약속대로 받았지만, 아파트는 차일피일 미루다 결국 받지 못하고 퇴사했다. 퇴사도 회장과의 갈등으로 나왔기에 퇴직금 한 푼 받지 못했다. 그러나 굳이 내 몫을 받겠단 생각은 해본 적이 없었다.

얼마 후 영화철재(주)가 폐업하면서 내가 갖고 있던 주식도 휴지조각이 됐다.

●○●

영화부동산 회장 조순금씨(65) 피살사건은 숨진 조씨가 5백 억 원 이상의 재산가이며 범행수법이 대담하고 잔인했다는 점, 그리고 여느 살인사건에서 볼 수 없는「미스터리」가 많다는 점에서 큰 관심을 모으고 있다. 경찰은 우선 숨진 조씨가 침실 옆 밀실에 금고를 차려놓고 모든 재산을 혼자 관리하는 바람에 정확한 피해액을 밝혀내지 못하는 등 사건 벽두부터 수사에 어려움을 겪고 있다.

– 중앙일보 '원한이냐... 단순강도냐'

1980년 10월 15일, 사무실에 출근해 신문을 펼쳐들었다. 대충 제목을 훑어보던 나는 '원한이냐... 살인이냐'란 제목의 기사에 눈길이 멎었다. 기사는 '영화부동산 회장 조순금 피살사건...'으로 시작됐는데, 순간 나는 내 눈을 의심했다. '조순금'은 바로 왕 회장으로 불렸던 그의 본명이었다.

당시 이 사건은 500억 원 이상의 자산가가 수십 차례 난자당해 살해됐다는 점에서 사회적으로 큰 파장을 일으켰다.

"혹시 피해자와 다툰 적이 있습니까?

어느 날 경찰에서 나를 불렀다. 내가 1977년 사표를 내고 그해 회사를 차렸는데, 당시 사업이 그럭저럭 잘 풀려 공장도 짓고 설비도 확장한 것이 의심의 대상이 된 모양이었다. 그리고 처음 왕 회장이 나를 스카우트 할 때 아파트 한 채를 사주기로 했던 약속을 지키지 않은 것에 혹시 앙심을 품은 것 아니냐는 것이었다.

"당신이 내부 공사를 했다면서요? 그러면 집 구조도 잘 알고 있을 거 아닙니까?"

왕 회장의 장충동 집을 수리할 때 회사에서 일부 맡아 했는데, 경찰은 그 부분을 지적하며 신경질적으로 추궁했다. 경찰의 말처럼 왕 회장의 장충동 집에 철문 몇 곳을 단 것은 사실이었다. 그러나 문짝 몇 개 갖다 붙인 것으로 집안 구조를 잘 안다고 할 수는 없었다.

왕 회장 집 지하에 있던 비밀금고도 신문기사를 보고 알았다. 마치 영화 속에서나 나올 법한 지하금고는 부인도 내용은 모르고 왕 회장 혼자만 알았다고 하는데, 현금과 귀금속, 장부들을 보관했다고 한다. 왕 회장 혼자만 이용하다 보니 얼마나 많은 현금과 귀금속이 있었는지, 장부에 기록돼 있던 받을 돈들이 누구에게 얼마인지 아무도 알지 못했다. 그 자료들이 통째로 없어졌다는 것이었다.

범인이 그 비밀금고의 존재를 알고 있었던 걸로 봐서 우연한 강도가 아니라 금전관계로 원한이 있거나, 아니면 집안 내부 사정을 잘 아는 사람의 소행이라는 게 세간의 추측이었다.

나는 두 번 정도 경찰 조사를 더 받았다. 당시 기사에 따르면 사건이 미궁에 빠지면서 수사 자료만 트럭 두 대 분량에 동원된 수사 인원만 3,000명 이상이라고 했다. 피해자 가족부터 경비원을 비롯해 전문절도 전과자 500여 명도 수사했지만, 아무런 소득이 없었다고 한다. 결국 이 사건은 끝끝내 미제로 남았다.

허름한 잠바와 낡고 해진 구두, 150원짜리 자장면으로 점심을 때우고 50원짜리 귤을 까먹으며 세상 행복하게 웃던 왕 회장의 모습이 지금도 문득문득 생각난다.

재가 되자

한국호머
기술자립의 꿈을 현실로

회사를 나온 뒤 나는 여기저기 공장용지를 알아보러 다녔다. 당시 서울-부산 국도 1호 시흥 대로변에 코카콜라 공장이 있었는데, 뒤편 경부선 철로변에 100평 정도의 땅을 은행 대출과 그간 조금 모아뒀던 자금으로 매입했다. 1977년 5월이었다.

회사명을 여러 가지로 생각하다가 '한국호머(Korea Former)'로 정했다. 철판으로 어떤 형태의 제품이든 만들어내겠다는 의미인데, 전량 수입에 의존하던 건축내장재와 냉간성형(cold roll forming) 제품들을 국산화하겠다는 나의 의지와 야심을 담은 이름이었다.

제품을 만드는 공법은 냉간성형으로, 철판을 가열하지 않고 상온에서 성형기를 통해 다양한 모양의 바(bar)를 만들어낸다. 파이프도 그중 하나인데, 이 공법으로 만든 제품은 건축자재뿐만 아니라 선박, 차량, 항공기 등 그 용도가 다양하다.

내가 처음 성형기와 롤(금형의 일종) 설계와 제작을 시작한 것은 한일건재에 입사하고부터다. 일본에서 들여온 기계를 모방해 더 크고 복잡한 형태의 바를 생산하기 위해선 훨씬 다양하고 복잡한 설계가 필요했다.

당시 사장과 전무가 해외를 드나들면서 건축자재 샘플을 가져와 똑같이 만들 수 있는지 묻곤 했다. 형태가 복잡한 것은 몇 달씩 고생만 하고 실패한 경우도 더러 있었지만, 대개는 성공적으로 제작할 수 있었다. 회사 내부에서도 인정을 받았고 외부에서도 여기저기서 스카우트 제의를 할 만큼 기술자로서 인정을 받았다.

회사를 차리고 얼마 되지 않은 어느 날 미군 장교가 통역을 한 명 데리고 나를 찾아왔다. 그의 손에는 건축자재 관련 제품 카탈로그가 잔뜩 들려 있었다. 미국 극동사령부(FED) 소속 공병대 대위 '폴(Paul)'이라고 자신을 소개한 그는 주한미군 숙소를 수리해야 하는데 이러저러한 물건들이 필요하다면서 카탈로그를 펼쳤다. 카탈로그에 실린 몇몇 제품들을 짚으며 만들 수 있겠냐고 물었다.

지금도 그렇지만 우리나라에 주둔하고 있는 주한미군은 거의 모든 물건을 미국 본토에서 가져왔다. 먹는 것부터 의료, 가전제품 등 모든 것이 포함됐다. 그러다 보니 숙소 문짝 하나를 수리하려고 해도 미국에서 비행기로 자재를 수송해 와야 했는데, 그러면 시간도 오래 걸리는 데다 수송비도 만만찮았다.

나는 싱긋 웃으며 말했다.

"2주 후에 찾으러 오십시오."

한일건재 시절부터 이미 성형기를 직접 설계해 만든 경험이 있었다. 형강 전문가가 아니면 아무리 봐도 용도를 알 수 없을 뿐만 아니라, 관련업계 종사자들이 상상할 수 없을 정도의 복잡하고 어려운 형태의 제품들을 만들었던 내게 미군 대위의 요구는 일도 아니었다.

이 일이 계기가 되어 회사는 사업의 새로운 전기를 맞게 되었다. 2주 후 물건을 찾으러 온 폴 대위는 "엑설런트(excellent)!"를 연발하면서 만족해했다. 나는 그 후 미8군 공병대가 있던 을지로 5가를 드나들며 우리 회사에서 만든 건축자재를 계속 납품했다. 당연히 설계에도 공식적으로 '한국호머'를 명시하였다.

건축자재 납품뿐만 아니라 당시 폴이 주고 간 건축자재 카탈로그와 샘플들도 우리가 제품을 개발하고 사업을 하는데 많은 도움이 되었다.

1970~80년대 중동국가들의 건설 붐은 대단했다. 중동의 산유국들은 넘쳐나는 오일달러를 도로, 항만, 공항 등 사회간접자본에 아낌없이 쏟아 부었다. 당시 월남 특수가 끝나고 오일쇼크를 겪으면서 새로운 돌파구가 필요했던 한국에 오일달러로 흥청대는 중동은 기회의 땅이었다.

1973년 삼환기업이 사우디아라비아 고속도로 공사를 따내면서 중동진출의 서막을 알렸고, 박정희 정부의 전폭적인 지원을 업은 기업들이 앞다퉈 중동으로 향했다. 1975년 7억5000만 달러에 불과하던 건설수주액은 1980년 82억 달러로 10배 이상 늘었다. 이 기간 동안 한국 외화수입액의 85.3%가 오일달러였다.

중동건설 붐으로 건축자재 사업이 호황이다 보니 전국에서 성형기 주문이 밀려들었다. 여기에 70년대 초부터 서울 시내에 빌딩들이 우후죽순처럼 솟아오르면서 몇 년 동안은 주문받은 성형기를 만드는 것만으로도 쉴 짬이 없을 정도였다. 하지만 매번 제각각인 성형기를 만들다 보니 수입에 비해 일이 너무나 많았고 인력도, 공간도 부족했다.

그래서 회사 설립 1년 반 만에 공장을 온수산업공단에 650평 규모로 확장, 이전하고, 기계 제작에서 직접 제품생산으로 전환했다.

당시 중동 현장에 진출한 건설사들이 형강 샘플을 들고 와 만들어달라고 주문하는 제품들은 미국산, 독일산이 제일 많았다. 이 제품들을 원산지에서 사면 가격이 비쌀 뿐 아니라 납기 일정 등에도 문제가 많았다. 간단한 것들은 어렵지 않게 제작해 납품에 문제가 없었는데, 복잡한 것은 기계 설계부터 제품 제작까지 몇 달이 걸리기도 했다.

가장 애를 먹은 것이 천장재 'T-BAR'였다. 공장의 기술자들과 몇 달 동안 이렇게도 해보고, 저렇게도 해봤는데 비슷하게는 만들었지만 만족할 만큼 완전한 수준에는 못 미쳤다. 중간에 그만 포기할까도 싶었지만 그러기엔 기술자로서 자존심이 허락하지 않았다. 지금까지의 실패는 그만큼 성공이 가까이 왔다는 믿음을 갖게 했다. 그즈음 일본 미쓰이 물산 서울 주재원으로 한국에 와 있던 오쿠보고지(大久保浩司)를 수출입 관계로 알게 됐다. 오사카대학 기계공학과 출신이었는데 나와는 나이도 비슷해서 자주 만나 가까워졌다. 그는 우리 회사에도 가끔 왔었다. 어느 날 우리가 제품개발에 어려움을 겪고 있는 것을 알고 자신이 오사카에 건자재를 생산하는 공장을 잘 아는데 같이 가서 생산라인을 구경하면 도움이 되지 않겠느냐고 제안을 했다.

내게는 더 없이 반가운 제안이었다. 망설일 이유가 없었다. 얼마 후 우리는 오사카로 갔다. 당시에는 외국에 나가는 절차가 무척 까다로웠다. 개인이 일본에 가려면 현지의 변호사가 공증을 서야 했고, 체재비 등 여행 경비 일체를 초청자가 부담하는 조건이어야 했다. 더구나 기술유출 문제 등으로 외국사람이 현지 공장을 견학한다는 것은 더욱 어려운 일이었고, 어쩌다 견학을 하더라도 일부에 국한되었다.

공장견학을 들어가기 전, 오쿠보는 내게 미쓰이물산 작업복을 입히고 안전모를 씌워주며 말했다.

"자넨 아무 말도 하지 말게. 아무리 일본어를 잘해도 표시가 나거든."

공장에 들어가 생산라인을 둘러보며 나는 깜짝 놀랐다. 모든 라인이 거의 자동화되어 있었고, 거기에서 다양한 건자재들이 생산되고 있었다. 오쿠보는 그렇게 생산된 제품들이 전 세계로 수출되고 있다고 설명해줬다. 나는 오쿠보에게 "우리나라와는 기술 수준이 너무 차이 나서 화가 날 정도"라고 말했다.

"우리도 미국, 독일 등 선진국에서 배웠으니 너희들도 빨리 배우면 되지 않겠나?"

나는 속으로 그의 말에 수긍하며 생산라인을 꼼꼼히 둘러보며 필요한 부분을 머릿속에 입력했다.

오사카에서 직접 생산라인을 꼼꼼히 둘러볼 수 있었던 것은 한국으로 돌아와 제품개발을 하는 데 큰 도움이 되었고, 마침내 전량 수입에 의존하고 있던 천장재 'T-BAR'를 개발하는 데도 속도가 붙기 시작했다. 현장 팀원들과 철야작업을 해가면서 우리는 결국 수입품에 결코 뒤지지 않을 수준의 천장재를 만드는데 성공했고,

1983년 9월, 국내 최초로 천장재 'T-BAR'개발 및 의장등록을 했다.

그리고 일본에서 수입하던 원자재 칼라강판 문제도 연합철강과 협의해 해결했다. 이후 여러 가지 제품들을 만들면서 10여 건의 특허도 받았는데, 우리 회사만의 기술력은 사업에도 큰 강점으로 작용했다. 벌써 40여 년 전의 일이지만 지금도 그 당시의 기억들이 생생하다.

건축 전체를 놓고 보면 큰 부분은 아니었지만 틈새시장으로서 우리 회사는 독자적인 경쟁력을 갖출 수 있게 됐고, 그것이 성장의 단단한 주춧돌이 되었다.

1980년 2월, 63빌딩이 착공됐다. 착공 전부터 63빌딩은 미국을 제외한, 전 세계에서 가장 높은 빌딩으로 화제의 중심이 되었다. 설계는 시어즈 타워, 버즈 칼리파, 新무역센타 등 초고층 건물 전문 설계로 유명한 미국의 스키드모어, 오윙스 & 메릴社가 맡았고, 당시 대한생명의 모기업이었던 신동아그룹(최순영 회장)이 건설을 맡았는데, 유명세만큼 당시로는 최첨단 건축 자재와 공법이 도입되었다.

천장재는 '유에스 스틸(US Steel)'의 암스트롱 천장재 'T-BAR'가 설계에 반영돼 있었는데, 그즈음 우리 회사는 국내 최초로 천장재 'T-BAR'개발에 성공했고, 나는 우리 제품 정도면 미국이나 일본 제품과 견줘도 충분히 승산이 있다고 판단했다.

현장 소장부터 감리, 감독 관계자들까지 끈질기게 쫓아다니며 "미국산 암스트롱 T-BAR 보다 품질이나 디자인 면에서도 뒤지지 않고, 가격도 60~70%에 불과하니 우리 제품을 써 달라"라고 설득했다.

하지만 돌아온 대답은 한결 같았다.

"아시아에서 가장 높은 최고층 빌딩인데, 누가 검증도 안 된 제품을 쓰냐?"

"만일 하자가 발생하면 누가 책임 지냐?"

당시로선 전대미문의 초고층 빌딩 공사였던 만큼 자재 수입상을 비롯해 여러 이권 관계로 방해 공작이 많았다.

그럼에도 불구하고 나는 포기할 수 없었다. 우리가 개발한 제품에 그만큼 자신이 있었고, 어떻게든 증명해 보이고 싶었다. 당시 현장소장은 우리 회사에 우호적이었고 가능하면 국산품을 쓰자는 생각을 갖고 있었다. 나는 지푸라기라도 잡는 심정으로 현장소장에게 자신 있게 말했다.

"한 층에 방을 두 개 만들어서 샘플 시공을 한 후 비교해 봅시다."

며칠 뒤 현장소장에게서 연락이 왔다. 회장님이 제안을 받아들였다는 것이었다. 나는 쾌재를 불렀다. 우리 제품이 당당하게 인정받을 수 있는 절호의 기회였다.

곧장 최상의 시공팀을 구성해 작업을 시작했다. 하루 만에 끝낼 수 있는 일이었지만, 조각가가 작품을 빚는 심정으로 세세한 부분까지 보고 또 보며 정성을 기울였다. 미국 쪽에서는 한국 대리점을 통해 시공을 마쳤고, 결전의 날이 밝을 때까지 나는 밤잠을 설쳤다.

드디어 결전의 날이 밝았고, 현장소장으로부터 오전 10시까지 오라는 연락을 받았다. 현장에 도착하니 최순영 회장과 감리감독, 현장소장 등 7~8명의 관계자들이 꼼꼼하게 점검을 하고 있었다.

곧이어 가림벽을 트고 양쪽에 시공된 샘플을 꼼꼼히 살펴보며 심사위원들의 심사가 시작됐다. 그야말로 심장이 쪼그라드는 심정이었다. 블라인드 평가로 진행되어서 심사위원들은 누가 어디를 시공한 건지 알 수 없었다. 나는 아무 말도 하지 못하고 그저 심사위원들의 뒤를 따라갔다. 그들의 눈빛, 손짓, 숨소리 하나하나에 온 신경이 뻗쳤다.

"이쪽 것이 더 좋아 보이는데…."

함께 샘플 시공을 꼼꼼히 살핀 최 회장이 심사위원들을 돌아보며 입을 열었다. 우리가 시공한 샘플이었다. 가슴이 미친 듯 뛰기 시작했다.

"천장재가 건축물의 안전에 치명적인 영향을 주나? 그러니까, 이 천장재에 하자가 생기면 건물이 무너지거나, 뭐 그런 영향을 받느냐 말이야?"

회장의 질문에 현장소장이 답했다.

"아닙니다, 이건 외관이기 때문에 건축물의 구조하고는 상관없습니다."

회장은 고개를 끄덕였다.

현장심사가 끝나고 회사로 돌아와 초조한 심정으로 결과를 기다렸다. 현장소장으로부터 연락이 왔다.

"이 사장님, 축하드립니다."

●○●

그동안 미국과 일본으로부터 전량 수입에 의존하던 것을 국산화에 성공하며 한국호머는 도약의 큰 전기를 마련하게 되었다.

형강은 모양에 따라 'T-Bar', 'M-Bar' 등으로 불렸다. 이 형강을 어떤 모양으로 만들어내느냐에 따라 응용할 수 있는 곳은 무궁무진했다.

이후 나는 천장재나 가름막 등에도 사용할 수 있도록 응용해 수백 개 형태의 형강을 만들어냈다. 필요에 따라 다양한 형태로 개발한 형강들은 실용신안 특허를 여러 개 받았고, 몇 년 동안은 국내 시장을 거의 독점하다시피 했다. 40여 년 회사를 경영하면서 가장 보람된 일이었다.

여기엔 단순히 한국호머란 기업의 성장을 넘어 오로지 냉간성형 한 분야만을 파고들어 이제까지 미국과 일본에서 전량 수입하던 건축자재 수십 종을 국산화 해 기술자립을 이뤘다. 미력하지만 국가경제 성장에 이바지했다는 기술자로서의 자부심을 빼놓을 수 없다.

당시 중동 붐을 타고 진출한 현대, 대우, 쌍용, 한진 등 우리나라 건설업체들이 시공을 담당했지만, 설계는 대부분 미국에서 했다. 설계대로 하면 천장이나 내장 벽체 등에 들어가는 자재들도 대부분 미국 제품이 들어가야 했는데, 문제는 미국 제품의 값이 비싸다는 것이었다.

당시 한국호머는 국내에서 유일하게 건축에 필요한 형강을 생산하고 있었고, 품질도 거의 차이가 나지 않았다. 게다가 국산화를 통해 가격 또한 대폭 낮췄기 때문에 중동에 진출한 굴지의 국내 건설사들은 모두 우리 회사의 제품을 원했고, 현장마다 우리 제품이 독점하다시피 했다.

결제도 달러로 들어오니 원화와 달러의 차액도 쏠쏠해 은행에는 현금이 쌓여가기 시작했다.

중동건설 붐과 함께 한국호머의 성장에 가장 큰 분기점이 된 것이 63빌딩 건설이었다. 블라인드 테스트로 진행된 샘플 평가에 우리 제품이 선정되면서, 우리가 국산화 한 제품들은 미국과 일본의 수입품을 대체하게 되었다. 쌍둥이 빌딩, 국회의사당 등 이후 국내에 지어진 대부분의 고층 빌딩 건축에 납품하게 되었다.

당시 그런 질문들을 많이 받았다.

"어떻게 이런 작은 회사에서 굴지의 건설사가 짓는 건물에 납품할 수 있었습니까?"

나의 대답은 "선택과 집중"이었다. 내가 잘할 수 있는 것이 무엇인지 파악하고, 그 핵심역량에 집중했기 때문이다. 프로는 덧셈보다 뺄셈을 잘한다고 하지 않던가.

어떤 이는 당시 벌어들인 돈을 잘 활용했으면 대기업이 되었을 거라고 말하기도 한다. 그러나 나는 한 번도 그런 생각을 해본 적이 없다. 내가 개발한 건축자재가 우리나라 건축 기술의 발달에 기여했고, 국산화를 통해 국가경제에 이바지한 것만으로도 난 충분히 보람을 느꼈다.

그동안 미국이나 일본으로부터 수입에 의존하던 일부 건축재,

내장재들을 국산화하는 데 기여했다는 사실에 긍지를 가졌다. 이후로도 조립식주택 자재를 비롯해 고층빌딩에 거푸집 대용(代用) 데크 플레이트(Deck Plate) 등 많은 신제품을 개발하면서 45년을 이어오고 있다.

나는 가끔 생각해본다. 만일 내가 잘 사는 집에서 태어났다면 온갖 시련을 겪으면서 살아왔겠는가? 알 수는 없지만 어릴 때 가난과 시련이 역경을 딛고 포기하지 않는 인간으로 만들지 않았나 생각해본다.

남들이 부러워하는 성공도 했고, 그 운으로 평생 먹고 살만큼 부(富)도 이뤘다. 가난 때문에 배움이 너무도 간절했던 옴배미의 농사꾼 소년에게는 다행스럽고 참 운이 좋은 삶인지도 모른다.

무엇보다도 그 운이 어떤 인연에 끌려 다다른 결과라고 하더라도 꼴머슴을 하면서도 형의 교과서를 달달 외우며 공부한 것이 결코 헛되지 않았다는 사실이다. 내가 희망을 포기하지 않으면 희망도 나를 외면하지 않는다는 것을 내 삶을 통해 보여줄 수 있어서 정말 다행이다.

천장재 'T-BAR'

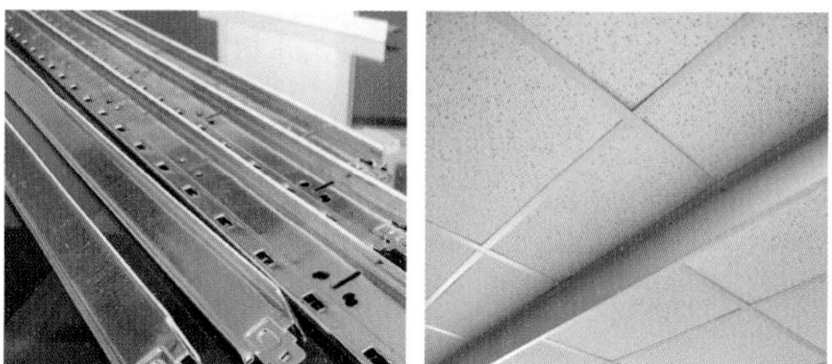

OIL

경량형강 선두 주자
한국호머

내게 주어진 '운(運)'은 사람과의 관계, '인연(因緣)'으로 비롯됐다. 나는 사람이 곧 자산이라고 생각한다. 한 번 맺은 인연과는 평생을 간다. 지금 내 앞의 작은 인연이 어떤 행운의 씨앗으로 발아할지는 알 수 없다. 그래서 아무리 작은 인연이라도, 아니 오히려 작고 하찮은 인연일수록 더욱 소중히 여기며 관계에 있어 언제나 진정성을 다하려고 노력했다.

이제껏 이룬 모든 것은 내가 만난 사람들이 만들어주었다.

한일건재에서 공장장으로 근무할 때였다. 공장에 상주하는 생산직 하도급업체 직원들까지 내가 관리해야 할 인원이 상당히 많았다. 대개 생산직 종사자들의 경우 중졸, 고졸의 학벌을 가진 이들도 흔치 않았다. 그래서인지 당시 사무실 근무자들은 이런 생산직 종사자들을 무시하는 경향이 많았다.

나는 현장의 생산직 근로자들을 위해 뭔가를 해줘야겠다고 생각했다. 아침조회 시간과 점심시간을 이용해 전기와 기계원리, 그리고 원자재가 만들어지는 과정 등을 수준에 맞게 교육했다. 또한 각 개인의 애로사항을 듣고 해결해주기 위해서 애썼다.

그 결과 직원들과 격없이 소통하며 상호 협조적인 관계를 형성할 수 있었다. 회사와 개인이 함께 성장하고, 아무리 크고 작은 일이라도 함께 해결하려는 내 마음이 그들에게 그대로 전달됐기 때문이다.

영화철재(주)을 설립할 당시에 나는 20여 명의 기술자들을 구성해 데려갔다. 나중에 내가 사표를 내고 회사를 차렸을 때, 한두 명씩 우리 회사로 모여들기 시작했다. 기술자들을 빼가는 것으로 오해받기 싫어 그쪽 회사가 문을 닫을 때까진 오지 말라고 당부를 할 정도였다.

나는 지금도 성공하고 싶다면 제일 먼저 신뢰를 얻으라고 말한다. 신뢰를 얻으면 더 많은 기회를 얻게 되고, 자연스럽게 영향력도 더 커지게 된다. 이것이 신뢰를 주는 사람들이 얻는 후광효과이다.

1984년 5월, (주)한국호머로 법인 전환하면서 직원들의 사기진작을 위해 4명씩 1개조로 일본의 동종업종에 연수를 보내기 시작했다. 며칠 정도의 기간이었으니 연수라기 보단 견학으로 봐야겠지만, 작은 회사가 무슨 해외 연수냐며 말들이 많았다. 우리보다 훨씬 큰 대기업에서도 직원들의 해외 연수가 쉽지 않을 때였으니, 보기에 가당찮았을 것이다.

일본의 앞선 산업기술을 먼저 체험했던 나는 제품 생산을 담당하는 기술자들이 직접 가서 보고, 배운다는 것이 얼마나 중요한 일인지 알았다. 그래서 개의치 않고 추진했다. 고맙게도 일본에 있는 친구들이 적극적으로 도와주었다. 당시 일본을 오가며 사귀었던 후쿠오카(福岡) '규슈 롤 공업(九州 roll 工業)' 이누이 미치도시(乾三千利) 사장의 배려로 체재비 일부를 일본측에서 부담해주었다. 그래도 직원들의 왕복항공료, 호텔비 등 중소기업으로서는 경비 부담이 적지 않았다.

기술자로서, 기업인으로서 내가 늘 경계했던 것은 현실에 안주하는 것이었다. 물이 고여 있으면 썩는 것처럼 기술이나 기업도 마찬가지다. 늘 새로운 것을 수혈해야 신선함을 유지할 수 있다. 그러기 위해 공부를, 배움을 게을리 해선 안 된다는 것이 나의 철칙이다.

당시 한국호머가 가진 경량형강 기술은 국내에서 독보적이었지만, 그 자리에 안주해서는 안 된다는 것이 나의 생각이었고, 무리를 하면서까지 직원들의 해외 연수를 추진한 배경이기도 했다.

문제는 정작 다른 데서 불거졌다. 우리 회사에서 직원들을 해외연수 보내 선진기술을 습득하게 하다 보니, 다른 회사로 스카우트되어서 가는 경우가 많았다. 회사를 나가서 창업을 하는 경우도 생기면서 '한국호머는 경량형강 사관학교'라는 소리도 나왔다.

그것은 양심의 차원과는 다른 문제였다. 아무리 정직해도 좋은 조건을 제시하는 직장을 거절하기는 힘든 법이다. 나 역시 한일건재에서 영화철재로 스카우트 된 경험이 있었기에, 개인적으로 인간적인 섭섭함은 있었지만 이직을 선택한 직원들의 마음을 충분히 이해할 수 있었다.

내가 이직을 결심했을 때, 당시 한일건재에서 얼마나 원망하고 섭섭해 했을까 하는 생각이 들면서 새삼 미안하단 생각도 들었다.

'이 세상에 영원한 것은 없다. 넓게 생각하자.'

직원들이 우리 회사와 경쟁관계인 회사로 이직해 똑같은 물건을 생산해낼 때면 나도 인간인지라 속이 편치 않을 때도 있었다.

그러나 나는 생각을 달리하기로 했다. 어려운 여건 속에서도 직원들을 일본으로 기술연수를 보내 사람을 키웠고, 결과적으로 우리나라 전체 경량형강 기술 수준을 높였으니, 그걸로 만족하자며 스스로를 다독였다.

내 손으로 키운 사람들을 떠나보내고 혼자 속을 끓이다 보니 사람도, 물질도 욕심을 부리면 안 된다는 것을 깨달았고 저절로 마음이 넓어졌다.

제조업이 그렇다. 욕심이 불량을 낳는 법이다. 대가를 바라고 무엇을 주어선 안 된다. 무언가를 주는 것, 그 자체를 즐기며 만족하는 법을 배워야 한다.

경량형강 사관학교라는 명성에 걸맞게 우리 회사에서 퇴직 후 창업해 꽤 훌륭히 성장한 회사들도 늘어났다. 김홍걸 미륭산업 대표, 한성철 성진건재 대표, 이춘식 거성강재 대표, 이홍기 대한강재 대표, 이종순 명현기공 대표, 그리고 한성동 등 많은 이들이 한국호머를 나가 우리나라의 산업역군으로 활동하고 있다. 이것 또한 내게는 큰 보람이다.

자신들의 전문 분야에서 꾸준히 기술 개발을 하고 사업을 확장

해가는 모습을 보며 흐뭇했고, 또 다른 보람을 느꼈다. 청출어람(青出於藍), 쪽이란 풀에서 푸른빛의 염료를 얻지만, 그 빛은 쪽보다 더 진하다는 말이다. 스승보다 제자가, 선대보다 후대가 더 뛰어나다는 뜻인데, 내겐 이들을 두고 하는 말이다.

지금도 가끔 당시 함께 일했던 사람들을 만나면 "사장님과 함께 일할 때가 좋았다"고 얘기를 한다. 진정한 성공이란 돈도, 명예도 아니고, 세월이 흐를수록 자신을 좋아해 주는 사람이 더 많아지는 것이라고 한다.

내가 그런 사람이면 좋겠다는 것이 변함없는 바람이다.

●○●

누군가 주변에 좋은 사람이 많은 비결이 있냐고, 아니면 단순히 인복이 좋아서 그런 것이냐고 물었다.

나는 당연히 비결이 있다고 했다. 그것은 내가 좋은 사람이 되는 것이다. 정직이란 지키기 힘들 때도 지키는 것이고, 나 스스로에게 떳떳해지는 일이다.

가족 간에도 정직해야 신뢰를 얻을 수 있다. 신뢰를 얻으면 모든 것을 얻지만 신뢰를 잃으면 모든 것을 잃는 것이다. 나는 나를 신뢰하는 동료들 덕분에 담보도 없이 돈을 빌리고 급전도 융통하면서 위기를 극복하고 사업체를 이끌어갈 수 있었다. 정직과 신뢰는 나의 가장 큰 자산이었다.

사업을 하면서 어찌 어려움이 없었겠는가? 우리 회사 거래처 중 하나였던 제일중공업은 율산그룹 계열사였다. 율산그룹은 지금도 기억하는 이들이 많을 정도로 한국경제사에서 가장 드라마틱한 흥망사를 썼던 기업이다.

당시 20대 중후반의 젊은 청년들이 단 4년 만에 14개의 계열사를 거느린 그룹으로 키웠다. 그들의 도전정신과 청년정신은 아직도 기업인들 사이에서 회자될 정도이다.

1970년 중반 엔화와 달러화의 약세로 수출이 부진해지면서 한국의 경상수지는 지속해서 적자를 기록하고 있었다. 연이어 건설경기도 심각한 침체에 접어들면서 한보철강, 삼미, 진로, 대우, 한신, 기아, 해태 등의 대기업들이 줄줄이 도산하기 시작했다. 율산그룹도 예외가 아니었다. 율산그룹 계열사였던 제일중공업은 포항제철 연관단지에 있었는데, 우리 회사는 이 회사에 성형기 및 롤을 제작해 납품했었다. 당시 받지 못한 미수금이 우리 회사 규모로선 상당한 금액이었는데, 율산그룹의 부도로 우리 회사도 직격탄을 맞게 된 셈이었다.

율산그룹 내부적으로도 직원들의 임금 체불 문제로 매일 공장에서 직원들의 데모가 벌어지고 있었다.

그러던 어느 날, 율산그룹 부회장으로 있던 최염 선배에게서 연락이 왔다. 회사 창고에 쌓여 있는 철강 원자재 일부를 처분해 직원들의 체불임금과 거래처 물품대금도 일부 해결하고자 한다고 했다. 미수금 때문에 골머리를 앓던 우리 회사 입장에선 반갑고 고마운 일이었다. 그러나 선불리 철강을 옮기다간 불필요한 오해를 불러일으킬 수 있어, 야밤에 군사작전 하듯이 원자재를 문래동에 있던 철강단지로 옮겼고, 우리 회사도 자칫 날릴 뻔 했던 납품대금을 모두 회수할 수 있었다.

만약 당시에 납품대금을 회수하지 못했다면 우리 회사로서는 적잖은 타격을 받을 상황이었다. 어려운 상황에서도 나와 우리 회사를 위해 배려해주었던 최 선배의 고마움을 지금도 잊지 못한다. 그때의 일을 떠올리며 새삼 사람과 인연의 소중함에 대해 생각해본다. 정직과 신뢰는 소중한 인연을 촘촘히 엮는, 끊어지지 않는 끈이다.

물을 많이 주면 뿌리를 내리지 않는다

1987년 6월 항쟁을 계기로 전국에서 노동조합 결성이 이뤄졌고, 1988년 서울올림픽을 앞두고 봄부터 전국적인 노조 파업이 진행됐다. 당시 우리 회사가 있던 부천 일대에도 노사분규의 바람이 몰아쳤다. 우리 공장에도 민주노총 노조원들이 들이닥쳐 공장 대문을 부수는 등 난동을 부렸다. 그 바람에 충격을 받아 나는 병원에 실려 갔다.

"혹시 부모님 중에 심장이 약하신 분이 계셨습니까?"

몇 가지 검사가 끝난 뒤 의사는 선천성 심방세동이라 진단했다. 정상적인 심장은 1분에 60~100회씩 규칙적으로 뛰면서 온몸에 혈액을 공급하는데 나는 선천적으로 심장 근육이 약해서 심장이 불규칙적으로 뛸 때가 많고, 스트레스를 받으면 심장이 약하게 뛰면서 뇌졸중이나 심근경색을 일으킬 수 있다고 했다.

사업을 하면서 온갖 스트레스 받는 일이 많았을 텐데 그동안 한 번도 쓰러지지 않고 지금까지 온 게 신기할 정도라며, 인공심박동기를 부착하지 않으면 책임질 수 없다고 했다.

곰곰이 생각해보니 어머니가 심장이 좀 약했던 것 같았다. 그래도 어머니는 80세까지 건강하게 사셨고 돌아가신 것도 심장병 때문은 아니었다. 나는 인공심박동기를 몸에 부착하는 문제는 일단 좀 더 신중하게 생각해보기로 하고 퇴원했다.

퇴원 후 이 병원, 저 병원을 다니며 심장 전문의들을 만났다. 모두 한결같이 인공심박동기를 부착하라고 권했다. 그래도 내 마음은 요지부동이었다. 그러다가 친구들 몇 명과 휴가를 겸해 스위스의 한 휴양지로 여행을 갔다. 그곳에는 프랑스 의사가 운영하는 휴양지 병원이 있었는데, 당시 우리나라에서 이름만 대면 알 만한 사람들도 많이 다녀간 곳이었다.

그곳에서도 의사는 역시 선천성 심방세동이라며 과로를 하면 수명대로 살 수 없으니 사업 같은 것은 하지 말고 여행이나 다니라며 농담조로 이야기했다. 그러나 뼈 있는 농담이었다.

"당신이 열심히 일하다가 쓰러져 죽어도 아무도 당신이 잘했다고 말하지 않을 겁니다. 그러니 당신 건강은 당신이 챙기세요."

의사들은 하나같이 인공심박동기를 부착하거나, 정 그게 싫으면 일을 줄이거나 스트레스를 줄이라고 했다.

다행인지 불행인지 우리 회사의 주력 품목인 경량형강 제품도 점차 사업성이 조금씩 줄어들고 있었다. 건축업 자체도 불경기인 데다 제조업도 부진을 면치 못하고 있었다. 사업 안목을 탁월하게 발휘해서 IT나 전망 있는 산업으로 일찍 방향을 전환해야 했는데, 기술자인 나는 그저 열심히 기계를 개발하고 제조를 하는 데만 너무 열중했던 것 같다.

2000년도까지는 서울온수산업단지, 인천남동공단, 진천 등 세 곳의 공장이 모두 가동될 정도로 일이 많았다. 우리 업종이 지닌 성장한계와 건설경기 부진 등의 외부적 요인도 있었지만, 무엇보다 나의 건강 문제로 진천과 서울 공장을 남동공단으로 합병할 수밖에 없었다. 그동안 기업을 성공적으로 끌어올 수 있었던 배경에는 재무담당 이사로 회사 살림을 책임져 준 둘째 딸 혜주가 있었다. 덕분에 나는 자금흐름에 신경 안 쓰고 사장으로서 편하게 기업 활동을 할 수 있었다. 지금 남동공단 공장은 8년 전에 입사한 아들 창익이가 거의 혼자 힘으로 운영하고 있으며, 나는 뒤로 물러나 큰 흐름만 돌봐주고 있다.

돌아보면 지난 세월이 모두 기적만 같다.

나는 자식 부자다. 딸이 넷에 늦둥이 아들이 하나다. 다행히 모두 제 갈 길을 잘 찾아가고 있지만, 돌아보면 늘 미안한 마음뿐이다. 아이들이 한창 자라던 시절에 사업하느라 눈코 뜰 새 없이 바빴고, 그러다보니 아버지로서 세세히 신경 쓰고 챙겨주지 못했다.

그저 내가 힘들게 공부하던 시절만 생각하고, 아이들이 입고, 먹고, 공부하는 데 필요한 돈만 넉넉히 벌어주면 되는 줄 알았다. 그러면서 "너희들은 나보다 훨씬 좋은 조건인데 왜 그 정도 밖에 못하냐" 핀잔만 했다.

위로 딸아이 셋을 키울 때는 과외 한 번 못 시키고 용돈도 아껴 쓰라며 다그쳤다. 막내 창익에게도 기대가 컸던 만큼 타박도 많이 했던 것 같다.

우리 집 거실에는 여러 종류의 화초들이 있다. 그중에서도 팔순 잔치 때 선물로 받은 난초는 유난히 오랫동안 예쁜 보라색 꽃을 피웠다. 그런데 어느 날부턴가 갑자기 그 예쁜 꽃잎이 처지면서 시들기 시작했다. 그래서 난초에 물을 듬뿍 주고 있는데 아내가 그런 나를 말리며 "화초에 물을 너무 많이 주면 뿌리가 자라지 못해요."라고 말했다. 아내의 말을 듣고 그제야 정신이 번쩍 들었다. 마치 머리를 세게 한 대 맞은 기분이었다. 물이 부족해야 물을 찾아서 안간힘을 다해 이곳저곳 뿌리를 뻗는 화초처럼, 사람도 마찬가지였다.

문득 우리 막둥이나 요즘 젊은이들은 마치 물을 듬뿍 준 화초와 같다는 생각이 들었다. 결핍의 시대를 산 우리와는 달리 풍족하고 편리한 삶에 쉽게 순응해 스스로 깊이 뿌리내리지 못하고 있는 것은 아닐까?

물고기는 부레가 있어 물에서 가라앉지 않고 떠 있을 수 있는데, 그 부레가 없는 물고기가 있다. 바로 상어다. 상어는 부레가 없기 때문에 가라앉지 않기 위해 잠시도 쉬지 않고 움직인다. 이 쉼 없는 움직임 때문에 상어는 바다에서 가장 힘 있는 포식자의 자리에 섰다.

가족들 모임에서 자식들이 가끔 학교 다닐 때 아버지가 용돈을 너무 박하게 줘서 힘들었다고 하면 나는 그게 억울했냐고 물어본다. 아이들은 그렇진 않았다며 웃는다. 그렇게 어려서부터 절약이 몸에 배서 그런지 우리 아이들은 지금도 검소한 편이다.

막내 창익이는 기계공학을 공부한 뒤 회사 일에 재미를 붙여, 지금은 혼자서 회사를 끌어가고 있다. 그런 아들을 보며 그동안 걱정하고 타박했던 것이 모두 내 욕심이었음을 깨달았다.

나는 지금 행복한 은퇴 생활을 즐기고 있다.

가족사진

장녀

혜옥 가족

차녀

혜주(엄마 아빠)

3녀

혜영 가족

4녀

현희 가족

장남

창익 가족

송암 4남매

아래 왼쪽 형 종성, 누나 차임, 처 신광순

뒷줄 오른쪽 동생 옥선, 송암, 매제 여익동

서울온수산업단지 관리공단

현재 우리나라에는 50여개의 국가산업단지와 650여개의 지방 산업단지가 있는데, 온수산업단지는 1호 일반산업단지로 도심에 있는 기계공장들을 집단화, 협동화, 전문화 함으로써 생산성 제고와 도심공해 방지를 목적으로 조성했다.

1969년 영등포공업인협회를 발족하고 1970년 4월 공단조성 공사 착공, 1972년경부터 입주를 시작해 1973년 기계공업 및 비철금속 적격단지로 지정받게 됐다. 1998년 3월 공단 명칭을 영등포기계공업공단에서 현재의 서울온수산업단지관리공단으로 변경해 오늘에 이르고 있다.

공단치고는 규모가 작은 편인데, 대지 5만여 평에 180여개 업체가 입주해 있다. 나는 2007년 7월부터 2013년 2월까지 서울온수산업단지관리공단 이사장을 역임했다. 공단 이사장으로 재임하면서 낙후된 공단을 주거지로 개발하거나 재개발 등을 통해 회원사들의 이익을 실현하기 위해 공단 이사들과 많은 노력을 기울였다. 그러나 공단이 서울시와 부천시, 두 행정구역에 위치함으로써 이

원화되어 있는 관리기준, 산업단지 고도제한 해제 불가 등의 걸림돌에 걸려 실현하지 못했다.

최근에는 서울시와 구로구 주관으로 도시재생사업 허가를 받고 시 예산까지 확보했는데 일부 업체의 반발로 무산됐다는 안타까운 소식도 있었다.

온수산업단지와의 인연은 1979년 7월 공장을 이곳으로 확장 이전하면서 시작됐다. 우리 회사가 공단으로 온 지도 40여 년이 넘었다. 오랜 세월 공단과 함께 하며 서로에게 든든한 길동무가 되었다. 온수공단의 특징이 있다면 회원 간에 친목이 아주 돈독하다는 것이었다. 연 1회 정도 회원사들이 함께 해외여행도 가고 각종 친목회, 골프모임 등을 통해 더욱 끈끈한 정을 나눴다. 자매결연을 맺은 일본 도야마공단 산업시찰 등 기술교류에도 적극 동참하며 공단과 회원사들 발전을 위해 함께 노력해왔다.

최근 들어서 이런 전통들이 조금씩 퇴색해 가는 듯해 안타깝게 생각하고 있다.

일본 도야마 기계공업센터와 자매결연

나와 가깝게 지내는 사와가와 고우시치(澤川幸七) 씨의 회사, '사와가와 단조(주)'는 도야마 기계공업센타에 속해 있는 다가오가(高岡) 공단에 입주해 있다. 사와가와 단조는 그의 할아버지 대(代)인 1904년 설립된 회사로 120여년의 역사를 자랑한다.

1980년 일본에서 단체로 온수공단을 방문했을 때 처음 만난 이래 거의 매년 오가면서 우리는 아주 가까운 친구가 되었다. 서로 자녀들 결혼식에도 참석하고 3년 전에는 부부 동반으로 3박 4일 동안 일본의 유명 온천여행도 함께 했다.

한번은 일본에서 사와가와 씨의 친구들 몇 명과 함께 식사를 하는데, 이 자리에서 사와가와 씨가 나를 소개하며 재미있는 이야기를 들려줬다.

1980년에 온수공단을 방문한 것이 그에게는 첫 해외여행이었다고 한다. 난생 처음 해외여행으로 한국에 와서 친구를 한 명 사귀고자 온수공단에 있는 수십 명의 사장들 중에서 나를 찍었다며 식사 자리에 있던 친구들에게 "이 회장을 찾아낸 내 안목이 어떠냐?"라고 말해 모두들 한바탕 크게 웃었다.

사와가와 씨의 말을 듣고 가만히 기억을 떠올려보니 1980년 당시 일본에서 온 손님들 중 한 사람이 내 자리로 와서 명함과 선물로 볼펜 몇 개를 주며 "앞으로 친구로 잘 사귀어보자"고 했던 기억이 떠올랐다. 그 사람이 바로 사와가와 씨였다.

서울온수산업단지관리공단은 1973년 일본 도야마현에 있는 도야마 기계공업센터와 자매결연을 맺었다. 도야마 기계공업센터는 1949년 설립됐는데, 후지고시(不二越) 하청업체로 시작해 지금은 일본 굴지의 정밀기계공업 회사들이 속해 있다.

후지고시는 1928년에 설립된 기업으로 NACHI 브랜드로 유명한 드릴, 베어링, 절삭공구 등으로 시작해 현재는 제트엔진, 산업용 로봇까지 제작하는 54개의 자회사를 거느린 그룹으로 성장했다.

도야마 기계공업센타를 설립한 초대회장 다나카 기이치로(田中儀一郎)씨는 후지고시에 선반공으로 입사해 그룹 회장에 오른 입지전적 인물이다. 그를 선대 회장으로 불렀다. 그는 자매결연 초기 온수공단을 일본처럼 발전시키겠다며 기술자 연수도 주관했는데 "어떤 기술 분야도 전부 오픈할 테니 다 배워가라"고 선언할 정도로 두 공단 간 기술교류와 인적교류를 적극 지원했었다. 자매결연 이후 몇 년 전까지만 해도 1년에 한 차례 정도 서로 오가며 교류가 지속적으로 이어졌는데, 지금은 왕래가 거의 없다.

기이치로 선대 회장이 돌아가시고 현재는 아들인 다나카 이치로(田中一郎) 씨가 회장을 맡고 있다. 두 공단의 세대교체와 맞물려 교류가 줄어들고 있다. 여기엔 언어 소통이 되는 분들이 줄어드는 등 여러 가지 요인들이 있는 것 같다. 이러다가 교류가 완전히 끊기지 않을까 걱정이 된다.

서울온수산업단지관리공단
도야마 기계공업센터와 자매제휴40주년기념

四 章

心系天下

심계천하

세상에서 가장 고소한 참기름
송암 이종우 장학재단 그리고 남은 숙제
우리나라엔 왜 노벨상 수상자가 없나
명예 공학박사 학위를 수여받다
건강하게 오래 살고 싶다면 베풀어라
국민훈장 모란장을 수훈하다

心系天下 심계천하

높으신 분들이 세상을 걱정한다는
의미로 노블레스 오블리주의 정신을 담고 있다.

세상에서 가장 고소한 참기름

부자란 단순히 돈이 많은 사람을 의미하진 않는다. 10억 자산가라도 20억 자산가를 부러워하면 그는 가난한 사람이다. 사람의 됨됨이는 돈을 쓸 때 드러나는 법이다.

돈은 탐낼수록 가난해지고 나눠쓸수록 넉넉해지는 법이다. 나는 우리 아이들이 돈을 무조건 아껴 쓰는 사람이 되기보다는 꼭 써야 할 때 쓸 줄 아는 사람이 되었으면 좋겠다.

1998년, 국민연금관리공단에서 연금지급 대상자라며 연금을 일시불로 받을지, 매월 나눠서 받을지 선택하라고 연락이 왔다. 일시불로 받으면 4,300만 원 정도, 매월 나눠 받으면 40만 원 정도를 죽을 때까지 받을 수 있다고 했다.

갑자기 생각지도 않은 돈이 생겨 좋기도 했지만 어쩐지 이 연금은 내가 쓸 돈이 아니란 생각이 들었다. 오래 전부터 생각해왔던 일을 실천할 때가 된 것 같았다.

나는 구청을 찾아갔다. 어려운 분들을 위해 연금을 기부하고 싶다는 내 말에 구청직원은 좀 당황한 듯 했다. 여태껏 이런 사례가 없었는지 이것저것 찾아보던 직원은 신길동에 있는 한국복지재단을 소개해 주었다.

복지재단 관계자는 무척이나 반기며 독거노인이나 소년·소녀가장을 도울 수도 있다고 했다. 나는 독거노인과 소년·소녀가장을 함께 돕고 싶다고 했다.

가끔 내가 후원하는 소년·소녀가장들로부터 감사 편지가 온다. 손으로 꾹꾹 눌러쓴 진심이 전해지는 편지에 절로 입가에 미소가 지어졌다. 나의 작은 실천이 그들에게 도움이 되었다는 생각에 오히려 기분이 더 좋아졌다.

그러나 때론 가슴 한편이 허전해지는 날도 있었다. 복지재단에서 새롭게 후원할 노인의 사진을 보내올 때였다. 그동안 내가 후원하던 독거노인이 돌아가셨기 때문이었다. 그럴 때면 한동안 일이 손에 잡히지 않았다.

한 설문조사에 의하면 대부분의 사람은 봉사활동에서 희열을 느낀다고 한다. 실제로 봉사활동을 하면서 과거에 질병을 앓았던 사람이 건강을 되찾은 사례도 있고, 봉사활동을 하는 사람들은 질병에도 잘 걸리지 않았다는 연구 결과도 있다.

의학적인 근거도 있다. 선행이나 봉사활동을 하면 사고가 긍정적으로 바뀌게 되고, 그러면서 엔도르핀이 분비된다. 엔도르핀이 분비되면 면역력이 강화되어 자가 치유의 힘을 갖게 된다고 한다.

그런 의미에서 선행이란 누군가에게 무언가를 주는 것이기도 하지만, 그 과정에서 나 또한 무언가를 받는 것이다. 그래서 봉사와 선행은 일방적으로 주는 것도, 받는 것도 아닌 '나눔'이다. 봉사와 선행을 할수록 멈출 수 없는 비밀스런 힘이 바로 이 '나눔'에 있다.

막상 오랫동안 결심했던 일을 시작하고 보니 연금만으로는 한계가 있었다. 내가 죽어 연금이 더 이상 나오지 않으면 후원도 끝날 것이다. 그래서 내가 죽더라도 지속할 수 있는 장학재단 설립에까지 생각이 닿았다.

마침 나와 함께 졸업한 동기중 기계과 교수로 있는 정인기 친구와 장학사업에 대해 많은 이야기를 나누었고. 정교수의 권유로 2000년에 학교발전기금 1억 원을 처음 기부했다. 영남대학교는 나에게 특별한 이름이다. 하루 평균 4시간씩 자며 낮엔 일하고 밤엔 공부하는 동안 배움의 즐거움을 알게 해 준 곳이며, 내게 하나뿐인 졸업장, 하나뿐인 모교, 그리고 배움의 갈증을 풀어준 교실이기 때문이다.

학교에선 어디에 썼으면 좋겠냐고 물었고, 나는 한 치의 망설임도 없이 후배들을 위한 장학금으로 써달라고 말했다.

"요즘 이공계 기피 현상이 심해서 걱정입니다. 적은 금액이지만 이 돈이 과학기술 분야의 침체를 극복하는 데 조금이라도 도움이 되었으면 합니다."

2002년 이상천 총장을 만나 이공계 학생들을 위해 써달라며 장학금 5억 원을 다시 기탁하며 더 많은 후배들이 장학금의 수혜를 받을 수 있었으면 하는 바람과 함께 내 뜻을 전했다.

장학금은 기계공학과 재학생을 우선으로 선발했다. 그리고 기계공학과 학생 중 시골 출신이면서 경제적으로 어려운 후배들에게 우선권을 주었다. 학교는 내 호를 따 '송암(松巖)장학기금'을 제정해 매년 재학생 한 명을 선발해 졸업할 때까지 등록금 전액을 장학금으로 지급하게 됐다.

1964년 영남대 기계공학과 야간대학에 입학해 힘든 학창시절을 보냈지만, 어디에도 기댈 곳이 없던 내게 힘이 되어준 것이 공부였고, 어려웠던 시절을 극복하게 해준 것도 공부였다.

나는 후배들에게 기댈 든든한 벽이 되고 싶었다. 담쟁이처럼 그들이 타고 넘어갈 수 있는 벽이 되기를 바랐다. 그것이 내가 후배들을 위해서, 모교를 위해서, 그리고 국가를 위해서 해야 할 일이라고 생각했고, 시간이 갈수록 더욱 분명해졌다.

나는 오랜만에 다시 피가 뜨거워지는 느낌이었다.

누구에게나 모교에 대한 감정은 남다르겠지만 내게 모교인 영남대학교는 더욱 특별했다. 군무원으로 일하면서 야간에 졸린 눈을 비벼가며 힘들게 다닌 학교였다. 정규교육도 제대로 받지 못한 내게 유일하게 기회의 문을 열어준 학교였고, 그래서 서른한 살의 나이에 어렵게 얻은, 내 인생에 하나뿐인 졸업장이었다.

내가 모교 영남대학교에 장학금을 기탁했다는 언론 기사를 보고 친구들로부터 많은 전화를 받았다. 그중엔 조그만 공장을 운영하는 주제에 웬 장학금을, 그것도 지방대학에 그리 많이 냈냐고 타박하는 친구들도 많았다. 그럴 때마다 나는 말했다.

"당신들은 졸업장이 최소 서너 개는 되지만, 내게는 하나 밖에 없다."

영남대학교에서는 기계관 강당을 내 호를 따 '송암홀'로 명명했다. 당시 나는 인사말에서 "송암홀이라는 명칭을 부여받을 만큼 학교나 학과에 기여함이 크지 않다. 그러나 모교와 기계공학부에 대한 사랑은 남 못지않다고 생각하고, 이를 실천에 옮겼기에 오늘과 같은 영광이 있게 되었다"라며 말문을 열었다.

저는 국가 발전과 선진국 사회로의 진입은 바로 기초과학 및 이공계의 발전에 있다고 봅니다. 과학과 기술 분야의 발전이 거듭될수록 선진국으로 나아간다는 것을 누구보다도 절실하게 느낍니다. 기술 경쟁력이 있는 나라 그것이 한국의 비전을 열어줄 것입니다.

이공계 육성에 보탬이 되고자 이번에 기계관 강당을 건립하여 이공계 학생에게 더욱 나은 교육 환경을 만들어주고 싶었습니다. 요사이 이공계 기피 현상으로 국가발전의 근간이 되는 과학, 기술 분야가 침체되는 것을 극복하는 데 조금이라도 도움이 됐으면 합니다.

현재 진행 중인 장학사업의 확충 방안을 여러모로 연구 중이며 후배들에게 더 많은 혜택을 주고 싶은 것이 저의 솔직한 심정입니다. 좋은 환경에서 훌륭한 인재가 배출되는 것은 당연한 일입니다. 앞으로 영남대학교의 동문 후배들이 사회에 공헌하고 국가를 이끌어 나가는 인재가 되리라고 확신합니다. 과거부터 영남대학교 기계공학과는 우수한 자질을 가진 선배 및 동문을 많이 배출해왔습니다. 이 때문에 사회에 나가서도 모교를 졸업한 것에 대해 저 또한 자부심을 항상 가지고 있습니다.

국가의 미래를 짊어지고 갈 여러분께 당부 드리고 싶은 말이 있습니다. 급변하는 사회에서 변화에 능동적으로 대처하고 그 변화를 통해 개인의 능력을 맘껏 발휘하는 인재가 되기를 부탁드립니다. 우리에게 필요한 외국어가 많이 있지만 다 잘할 수는 없습니다. 하나라도 살아 있는 언어, 바로 말이 통하도록 해두면 사회에서 반드시 유용하게 쓰일 수 있다는 것을 제 경험을 통해 말씀드립니다.

후배 여러분, 여러분의 노력 여하에 따라 희망찬 미래가 활짝 열릴 것입니다. 이 사회를 이끌어 갈 큰 일꾼이 되리라는 것을 확신하며 그때는 모교와 후배를 위하는 일을 잊지 말기 바랍니다.

5억 원을 기탁한 것을 시작으로 '송암장학회'가 설립됐고, 어려운 후배들에게 장학금을 줄 수 있게 됐다.

학교를 그만둘까 고민하던 중 장학금을 받아 학업을 계속하게 된 학생들, 졸업 후 직장에 다니면서 박사 과정을 밟고 있는 학생들, 대기업이나 공기업에 취직한 학생들, 나름대로 자신의 자리에서 잘 자란 나무처럼 꿋꿋하게 자신의 길을 찾아가는 후배들 소식을 들을 때면 나도 덩달아 흐뭇했다.

이종우 회장님께

그동안 건강히 잘 계셨습니까. 기계과 양현입니다. 저는 회장님 덕분에 학교생활 잘 하고 있습니다, 제가 장학금을 받은 것이 벌써 3학

기 째입니다, 장학금을 받은 만큼 더 열심히 했나 반성해 보고 또 더욱 열심히 노력하겠습니다. (중략)

회장님께서도 아시겠지만 얼마 전에 기계관 강당이 완공되었습니다, 강당 이름은 '송암홀'입니다. 저는 그쪽으로 지나가면 왠지 편안하고 친숙한 느낌이 듭니다, 이런 느낌은 다른 학생들이 느끼는 것과 다른 것이겠지요. 기계관 안에 저에게 특별한 장소가 있다는 것만으로도 참 기분 좋은 일입니다. 그리고 5월에는 송암홀 개관에 맞추어 여러 가지 행사가 열린다고 합니다. 기계과에서 자체적으로 하는 축제는 처음이라 학생들의 기대도 큰 것 같습니다(중략)

2004년 4월 25일 경북 경산 영남대학교에서

김양현 드림

인간은 서로를 보살피고 존중하는 정서적 교류를 통해 행복감을 느낀다. 그것이 가장 인간다운 모습이란 것을 나는 후배들과의 교감을 통해 깨달았고, 그로 인해 내 삶이 더욱 풍성해짐을 느꼈다. 내 인생은 더 큰 기쁨으로 넘쳤고, 안정감과 함께 더욱 평온해짐을 느끼고 즐기게 됐다.

이것은 돈을 주고 살 수 없는 것이다. 사업을 하면서 느꼈던 성취감과는 또 다른 희열을 느끼게 해줬다. 후배들이 나의 행복지수를 높여줬고, 그것이 내겐 그 무엇보다도 더 값진 선물이 아니고 무엇이겠는가.

2006년 봄, 흐드러진 봄꽃처럼 내 가슴을 흔드는 편지 한 통을 받았다. 송암장학회 장학금을 두 번째로 받은 학생이었기에 나도 기억하고 있는 학생이었다. 2003년, 1학년 1학기 중에 가정형편이 어려워져 학업을 포기하려다 장학생으로 선발돼 무사히 학업을 계속할 수 있었고, 졸업 후에는 당당히 대기업에 취직도 했다.

장학생이었던 윤정기 학생이 군 복무 중에 내게 편지를 보내왔던 것이다.

선배님이 주신 장학금 덕분에 학비 걱정 없이 대학 4년을 다닐 수 있었는데 선물 하나 못 해드려 너무 죄송했습니다. 자대 배치를 받으면서 얼마 되지 않는 군인 월급을 매달 모았습니다.

군 복무기간 동안 단 한 푼도 쓰지 않고 매달 꼬박꼬박 모은 월급을 내게 전달하고 싶다고 했다. 몇 푼 안 되는 군인 월급을 꼬박꼬박 모았을 윤정기 학생의 마음을 생각하니 내 마음이 뜨거워졌다.

'나는 이미 더 많은 것을 받았네.'

나는 답장을 했고, 면회를 가겠다고 약속했다. 윤정기 학생은 당시 예천비행장에서 근무하고 있었는데, 나도 공군 출신이라 참 특별한 인연이라 생각했다.

이런 사실을 안 대외협력팀 이무석 팀장의 주선으로 면회 일정이 잡혔고, 송암장학회 1호 장학생 양현 군도 함께 가고 싶다고 해서, 세 사람이 함께 영주비행장을 찾았다.

윤정기 학생의 사연이 여기저기 기사화가 되고, 마침 일요일이라 많은 부대원들이 함께 나와 있었다. 편찮으신 아버지 대신에 윤정기 학생의 어머니와 누나들도 와 있었다. 윤정기 학생은 안동에 있는 가난한 시골에서 자랐고, 위로 누나가 넷에 쌍둥이라고 했다.

윤정기 학생이 수줍게 통장 하나를 건네며 말했다.

"회장님, 대학 공부를 시켜주셔서 고맙습니다. 회장님 필요하신 데 쓰세요."

통장에는 약 50만 원 정도가 찍혀 있었다. 20여 개월을 한 푼도 쓰지 않고 꼬박 모은 것이었다. 눈물이 핑 돌았다.

"네 마음이 정말 고맙다. 내가 받은 것으로 할게."

그리고 통장을 옆에 있던 어머니의 손에 쥐여 드렸다. 여윈 얼굴의 어머니는 농사일로 고생을 많이 해서인지 검게 그을려 있었다. 어머니는 내 손을 잡고 "우리 아들 공부시켜 주셔서 정말 고맙습니다."며 연신 허리를 숙였다.

면회를 마치고 인사를 하는 내게 어머니는 보자기에 꽁꽁 싼 됫병을 내밀었다. 어머니가 직접 짠 참기름이었다.

나는 세상에서 가장 고소하고 맛있는 참기름을 선물로 받았다

송암장학회 1호 장학생 양현 군(우)과

2호 장학생 윤정기군

2019년 5월

송암 이종우(주)한국호머 회장 발전기금 기탁식

송암 이종우 장학재단
그리고 남은 숙제

얼마 전에 들은 일이다. 모 기업인이 주식과 현금을 기부해 장학재단을 만들었는데, 국세청이 기부액의 절반이 넘는 금액을 세금으로 부과했다고 한다. 설상가상으로 이 세금체납에 따른 가산금까지 더해지면서 기부액보다 세금이 더 커지자 소송을 제기했다는 것이다.

내 지인 중에도 30억 정도 출자해서 장학재단을 만들려고 하다가 포기한 분이 있다. 탈세의 수단으로 장학재단을 만드는 것처럼 마치 죄인 취급 하더라며 분통을 터뜨렸다. 게다가 이것저것 따지는 것도 많고, 서류도 복잡해 그냥 때려치웠다는 것이다. 지인은 "좋은 일 하려다가 무슨 봉변인지 모르겠다."라고 하면서 대신 자기 고향 고등학교에 장학금으로 냈다고 했다.

나 역시 오랫동안 계획했던 송암장학재단을 설립하려 했을 때 당시 직원들이 교육부를 오가며 화가 난 일이 한두 번이 아니었다는 이야기를 많이 들었다.

"아니 내 돈으로 사회를 위해서 좋은 일 하려는데 이렇게 규정이 까다로워서 누가 하겠습니까?"

그동안 우리나라에서 공익기부가 대부분 부자들의 세금 회피 목적으로 악용된 사례가 많았고, 그러다 보니 세간의 시선 또한 곱지 못하다는 것도 알았다. 담당 공무원으로서 그런 악용 사례를 막기 위한 장치로 규정을 까다롭게 적용하는 것을 뭐라 할 수도 없었지만, 그렇다고 해도 막상 당하는 사람들 입장에선 짜증이 날 법했다.

결국 우여곡절 끝에 2016년 2월 교육부에서 정식으로 '송암 이종우장학재단' 설립 허가를 받았다. 당시 재단 설립 업무 전반을 담당했던 장학재단 채수곤 국장의 노고에 감사의 마음을 전하고 싶다.

중·고등학교에 다니는 우리 회사 직원 자녀들의 학비를 지원해 주면서 어렴풋하게나마 그렸던 장학재단의 밑그림은 2002년 모교인 영남대학교에 '송암장학회'가 만들어져 후배들에게 장학금을 주게 되면서 더욱 구체화되었다.

영남대학교나 카이스트에 지급되는 장학금이 내 생전에는 계속되겠지만 내가 죽고 난 후 원금이 손실되면 장학사업의 규모가 축소되거나 사라지게 된다. 내가 장학재단을 구체적으로 생각하게 된 이유였다. 재단을 만들어 놓으면 그 재단에 보증금이 살아있는 한 영구적으로 장학사업을 할 수 있기 때문이다.

장학재단 허가를 받기 위해선 직원 한 명이 반드시 상주해야 하고 월급을 받는 직원도 세 명 있어야 한다. 우리나라의 경우 장학재단의 보증금은 최하 5억 원 정도이다. 이 보증금을 기본 자산으로 목적사업을 하든지 아니면 은행에 예치하는데, 대부분 단순히 은행 예치에 머무는 경우가 많다. 요즘처럼 저금리로 인해 이자수익이 감소하면 장학금 지급이 줄어들 수밖에 없다.

예를 들어 기본 자산이 10억이라고 한다면, 1년에 정기예금 이자로 최대 2천만 원 정도 밖에 되지 않는데, 이것으로는 관리운용비도 부족하다. 이런 이유 때문에 소액으로 장학재단을 만들 경우 오래 가지 않아 유명무실하게 되는 경우가 많다. 그래서 최소 50억 이상, 100억 정도는 되어야 자체 수익으로 관리 운영비나 장학금 지급을 유지할 수 있다.

'송암 이종우장학재단'에선 현재 우리 회사 직원들의 자녀 학비를 먼저 지원해주고, 주변에서 추천하는 학생들에게 장학금을 지급하고 있다. 주로 고등학교 학생들을 대상으로 지원하고 있다. 대구 남산여고는 아내의 모교라 지원했고, 김천 중앙고는 내 고향에 있는 학교라 지원했다. 아직은 작은 규모여서 수혜자가 많은 편이 아니지만 2년 동안 집행한 내역을 보면 전국에서 매년 16명 정도가 된다.

현재 우리나라에는 의료법인, 종교법인 등의 법인단체를 제외하고 4,700여 개의 장학재단이 있다. 대부분 운영 상황이 좋지 않다. 출연기금의 은행 이자로 운영되는 경우가 많다 보니 요즘처럼 저금리 시대에는 제대로 운영하지 못하는 것이 당연하다.

어렵게 만든 '송암 이종우장학재단'도 비슷한 고민을 하고 있다. 회사 일에 바쁘기도 하지만 아직은 젊어서인지 아들은 장학재단에 관해선 큰 관심이 없는 것 같다. 풀어야 할 숙제가 아직 남은 셈이다.

우리나라엔 왜 노벨상 수상자가 없나

영남대학교에 장학금을 기부하면서 카이스트 서남표 총장을 알게 되었다. 서 총장은 MIT에서 교수로 10여 년 이상 재직했었는데, 당시 카이스트의 여러 가지 당면한 문제들을 해결하기 위한 적임자로 특별 초빙되었다. 나와는 기계공학 전공이라는 공통점이 있어서 서로 많은 이야기를 나누었다.

서 총장의 초대로 카이스트를 방문했을 때 나는 우리나라 과학기술의 저력을 새삼 실감할 수 있었다. 특히 군 감시용 정찰체계로 활용될 인공위성 개발이 인상적이었다. 아직은 미국의 정보위성에 의존하고 있는 현실이지만 조만간 순수하게 우리 기술로 개발한 위성으로 24시간 감시 정찰이 가능해진다고 했다.

그뿐만 아니라 적외선과 자외선으로 촬영한 정보까지 실시간으로 주고받을 수 있다는 말에, 연신 "아~" 놀란 입을 다물 수 없었다.

서 총장의 이야기를 들으며 문득 "과학자 한 사람이 국민 10만 명을 먹여 살린다"라던 삼성 이건희 회장의 말이 떠올랐다. 대한민국의 근대화를 이끌었던 박정희 대통령 역시 "우리나라는 자원이 부족하니 인재를 육성해서 과학을 발전시켜야 선진국이 된다"고는 강조하지 않았던가.

"육상이나 골프 등 체육계를 비롯한 각 분야에서 우리나라가 세계적으로 두각을 나타내는데 왜 유독 과학계에선 아직까지 노벨상 수상자가 한 명도 나오지 않는 것일까요?"

차 한 잔을 마시며 물었다. 정말 몰라서라기 보다는 같은 이공계 출신으로서 답답한 마음에 물어 보았다.

노벨상은 지금까지 대략 50여개 나라에서 790여 명이 넘는 수상자를 배출했다. 대부분 미국을 비롯해 유럽 국가들이 휩쓸었지만 아시아에서도 일본이 18회, 인도 9회, 중국 7회 등 수상자를 냈다. 우리는 김대중 전 대통령이 노벨평화상을 수상했지만 과학분야에선 아직 한 명의 수상자도 내지 못하고 있다.

"기초과학이 약해서 그렇죠."

서 총장이 짧게 답했다.

우리나라의 경우 수출로 먹고 사는 나라이다 보니 단기간에 성과를 낼 수 있는 실용적인 공학 쪽에 더 많은 쏠림이 있었던 것도 사실이다. 그래서 한국은 제품 상용화 기술엔 강점이 있지만, 기초과학과 이를 토대로 한 원천기술엔 취약하다는 말이 나오는 것이다. 대부분의 원천기술을 비싼 로열티를 주고 수입하는 현실을 생각하면 더욱 안타깝다.

노벨상은 기초과학 분야에서 많이 나오는데 기초과학을 발전시키기 위해서는 오랜 시간과 함께 돈과 인력을 꾸준하게 투자해야 한다. 우리나라가 과학 강국이 되기 위해서는 원천기술을 강화하여 산업구조를 변화시키는 것이 중요한 과제이다. 그것은 국가 경쟁력과도 직결되는 문제이기 때문이다.

수많은 노벨상 수상자를 배출한 미국과 유럽은 몇 세기 동안 꾸준히 기초과학 분야를 연구했고, 가까운 일본도 짧으면 70년, 길게는 100여 년이라는 기초과학 연구의 역사를 갖고 있다.

우리나라가 과학의 각 분야를 제대로 연구하기 시작한 것이 산업화 이후 정도로 본다면 이제 겨우 40년 정도밖에 되지 않았다. 일본이 100여 년의 역사 동안 20여 명의 노벨상 수상자를 배출한 것으로 볼 때 그리 채근할 일 만도 아니다. 또한 노벨상 후보 추천은 노벨상을 받은 사람이 하게 되어 있기에 국력과 관련이 없다고도 할 수 없다.

"사실 이공계 기피 현상이 어제, 오늘 일이 아니잖아요. 우수한 학생들이 모두 취직이 잘 되는 학과로 몰리고 있는 게 현실입니다."

서 총장과 이야기를 나누면서 마음이 무거웠다. 현대중공업이 조선업계에서 세계 상위권을 달릴 수 있었던 이유는 선박을 물에 잘 뜨게 하는 진수 기술을 보유하고 있었기 때문이다.

이공계 출신의 선배로서 후배들에게 할 수 있는 일이 바로 이런 기초체력을 길러 주는 데 도움을 주는 것이 아닐까. 그것이 나라를 위해 내가 할 수 있는 작은 일인지도 모른다는 생각이 들었다.

2017년 2월, 신성철 신임 총장이 취임했다. 신 총장은 당시 카이스트 발전재단 이사였던 내게 "전임 교수들에 비해 초임 교수들은 상대적으로 연구 환경이 열악하다"며 이들에 대한 약간의 연구비 지원을 제안했다.

"인큐베이팅(incubating) 차원에서 공과대학 소속의 젊은 조교수 중 매년 2명씩 선정해 지원했으면 좋겠습니다."

나로서는 전도유망한 젊은 연구자들을 도울 수 있는 기회가 주어졌다는 것이 감사했다. 그 자리에서 발전기금 명칭도 정했다.

'송암(松巖) 미래석학 우수연구상'

2017년 6월 15일, 카이스트 대전 본관 총장실에서 1억 원의 발전기금 기부약정식을 가졌다.

발전기금은 공과대학 소속으로 부임한지 5년 이내 된 젊은 조교수를 대상으로 매년 2명씩 우수 연구상 수상자를 선정해 각각 500만원의 상금을 지급하기로 했다. 나는 그 자리에서 "송암 미래석학 우수 연구상을 제정해 전도가 유망한 젊은 교수님들을 도울 수 있게 되어 무척 기쁘고 감사합니다. 카이스트가 창의적인 아이디어와 연구를 통해 한국은 물론 인류사회 발전에 기여하는 기관으로 더욱 성장하기를 바랍니다."라고 소감을 밝혔다.

●○●

"1990년대 초 나는 가나와 한국의 1960년대 초반 경제 자료들을 검토하게 되었는데, 60년대 당시 두 나라의 경제 상황이 아주 비슷했다는 사실을 발견하고서 깜짝 놀랐다. … 30년 뒤 한국은 세계 14위의 경제 규모를 가진 산업 강국으로 발전했다. … 반면 이런 비약적인 발전이 가나에서는 이루어지지 않았다."

22인의 사회과학자, 저널리스트, 실천가들이 하버드대학 국제·지역연구학회의 후원으로 열린 '문화적 가치와 인류발전'이라는 심포지엄을 통해 발표한 글들을 모아 엮은 책 '문화가 중요하다' 서문에서 새뮤얼 헌팅턴은 한국이 이룬 기적을 예찬했다.

해방 전 일본에서 초등학교에 입학했을 때였다. 입학하자마자 공장 견학을 갔던 기억이 난다. 군수물자 제조 공장이었는데 생산 현장을 보여줌으로써 학생들에게 자부심을 길러주고 과학기술에 대한 관심과 꿈을 심어주고자 했던 것 같다.

해방이 되고 이듬해 돌아온 고향 김천의 모습은 일본과는 정말 하늘과 땅만큼이나 차이가 났다. 자동차 대신 소가 끄는 수레로 짐을 날랐고, 구루마가 지나간 길바닥엔 빈대떡 같은 소똥이 널려 있었다. 몇 년 뒤 터진 전쟁은 그나마 남아 있던 구루마도 쓸 일이 없게 만들었다. 폐허 위에 우리는 벌거벗은 채 나뒹굴었다.

몇 년 전 러시아에 갔을 때 가전제품 매장을 들렀다. 일본 제품은 구석에 있어서 보이지도 않았고 엘지와 삼성 로고를 단 우리 국산 제품들이 메인 자리에 디스플레이 되어 있었다. 러시아뿐만 아니라 미국이나 유럽 등 선진국 가전매장에서 가장 잘 팔리는 제품 중 하나가 한국의 디지털 TV이다.

휴대폰이나 가전제품 외에도 반도체, LCD, PDP, LNG 운반선 등도 우리나라는 이미 세계 최고 수준을 자랑하고 있다. 전 세계에 K-POP 열풍을 주도하고 있는 BTS(방탄소년단)을 비롯해 칸 영화제와 아카데미를 석권한 봉준호 감독의 영화 '기생충', 최근에는 '미나리'까지, 그리고 K-방역은 코로나 시대를 겪으며 우리나라를 G7

의 반열에 올려놓았다.

일제 식민지 36년, 6·25 전쟁, 분단 70년이라는 악조건 속에서 어떻게 이런 일이 가능했을까? 부존자원도 부족하고, 땅덩어리도 좁은 우리나라의 유일한 경쟁력은 사람이었다. 지독한 가난 속에서도 교육을 포기하지 않았고, 하루 16시간의 장시간 노동도 참고 견디며 '한강의 기적'을 일궈냈다. 우리 스스로 충분히 자랑스러워해도 될 역사다.

노벨상도 그리 멀지 않았다.

명예 공학박사 학위를 수여받다

2003년 5월 15일 개교 56주년을 맞아 나에게 명예 공학박사 학위를 수여하겠다는 영남대학교의 제의를 받고 내가 자격이 되는지 반문하며 망설였다. 대학 측에서는 내가 그동안 과학인재 양성과 학교 발전에 크게 기여했고 앞으로도 더 많은 관심을 가져 달라는 의미에서 수여하는 것이라고 했다. 몇 차례의 거듭되는 요청에 결국 수락하였다. 모교 기계관에서 친구들과 학교 교직원 등 300명 정도 참석한 가운데 수여식을 가졌고 다음과 같은 인사말을 했다.

공사다망하신데도 불구하고 오늘 이 행사장을 찾아주신 내빈 여러분께 감사의 인사를 드립니다. 오늘은 모교인 영남대학교가 개교 56주년을 맞은 날일뿐 아니라 저에게는 아주 뜻 깊은 날이기도 합니다. 이상천 총장님, 이의근 총동창회장님을 비롯한 내외 귀빈 여러분, 동문 선후배님 그리고 교직원 여러분께도 감사 인사를 올립니다.

몸은 비록 타지에 있지만, 모교에 대한 사랑만큼은 어느 누구 못

지않다고 자부합니다. 간간이 대중매체나 학교 관계자들로부터 모교의 발전된 모습과 기쁜 소식을 접할 때면 정말 가슴이 뿌듯함을 느낍니다.

오늘 개교 56주년을 맞는 뜻 깊은 날에 여러 면으로 부족한 저에게 명예박사 학위를 주셔서 무한한 영광과 기쁨을 어떻게 표현할 줄 모르겠습니다. 그러나 한편으로는 이에 따른 막중한 책임감을 느낍니다. 나 자신은 물론 모교의 발전과 지역사회 나아가 국가발전을 위하여 더 많은 노력을 하라는 채찍으로 알겠습니다.

제가 영남대학교와 인연을 맺은 것은 1964년으로 당시 공군 군무원으로 근무했었고 여러 가지 사정으로 정규교육을 받지 못해 마음속에는 항상 배움을 향한 갈망으로 가득 차 있었습니다. 지금 돌이켜 보면 1960년대 우리나라는 가난의 그림자가 깊게 드리워져 있었고 대부분의 사람은 식생활 해결이 급선무였기 때문에 대학에 진학하는 수는 지금보다 그리 많지 않았습니다. 모든 조건이 여의치는 않았지만 배움에 대한 열정을 이기지 못해 진학을 결심했고 1968년 31살의 나이로 기계공학과를 졸업했습니다.

요즘 젊은 학생들은 믿을 수 없을 만큼 어려운 학창 시절이 저에게는 있었습니다. 당시 군무원 봉급으로는 등록금과 책값, 생활비를 대기에는 부족했으며 주경야독을 하다 보니 시간과 돈에 쪼들린 각고의 4년을 보냈습니다. 그래도 돌이켜 보면 이 4년이 나에게는 가장 중요한 시기였다고 해도 과언이 아닙니다.

이처럼 힘들고 어려운 역경을 딛고 학업을 마칠 수 있었던 그 저력으로 현재 비록 작은 기업이지만 착실하게 경영할 수 있었습니다. 그 결과 미력하나마 후학을 위해 일조할 수 있는 밑거름이 되었다고 굳게 믿고 있습니다. 그때부터 저는 마음속으로 만일 내가 성공하면 공부가 하고 싶어도 가정형편이 어려워 공부를 할 수 없는 가난한 학생들을 돕겠다는 결심을 했습니다.

저는 지금까지 살아오면서 꼭 지키려고 노력한 몇 가지 생활신조가 있습니다.

첫째, 정직하게 살아라.

둘째, 부지런해라.

셋째, 분수를 지켜라.

이런 평범한 생각이 사회생활을 하면서 특히 사업을 하면서 많은 사람에게 신뢰를 받을 수 있었습니다. 이 신뢰를 바탕으로 사업도 착실하게 하고 있다고 봅니다.

내가 이런 신념을 갖고 사는 것은 1986년 80세의 나이로 세상을 떠난 우리 어머님에게서 받은 영향 덕분이라고 생각합니다. 어느 누가 자기 부모를 공경하지 않겠습니까. 그분께서는 초등학교에도 가보지 못하셨지만 자식들에게는 세상을 바르게 살아가라 하셨습니다. 나는 그 말씀을 늘 가슴에 새기고 실천하려고 노력했습니다. "사람은 대국에 가서 살아도 제 난 탓이란다". "먼저 자신이 좋은 사람이 되면 세상에 나쁜 사람은 없다". "선한 끝은 있어도 악한 끝은 없다고 늘 말씀하셨습니다".

최근 한 신문에 안중근 의사가 옥중에서 쓴 유품을 일본인이 보관하고 있다가 우리 정부에 돌려준 기사에서 나온 논어에 있는 한 구절이 어머님의 생각과 일치하기에 소개하겠습니다.

'言忠信 行篤敬 蠻邦可行(언충신 행독경 만방가행)'

해석을 하면 '말이 성실하고 신의가 있으며 행실이 돈독하고 경건하면 오랑캐 나라에서도 행할 수 있다', 누구나 알 수 있는 평범한 진리지만 오늘을 살아가는 우리에게 꼭 되새겨 봐야 할 말이 아닌가 여겨집니다.

지금 혼란한 우리 사회도 따지고 보면 이런 간단한 순리를 망각하고 정도를 벗어난 사람들이 너무 많은 탓이 아닌가 생각해 봅니다. 이 지구의 모든 나라가 무역전쟁 즉 경제력을 키우는 전쟁 중입니다. 부국강병의 나라가 되기 위해서는 과학입국의 길밖에 없습니다. 지금 우리나라는 과학입국을 외치면서도 구호뿐이며 이공계 기피 현상은 갈수록 심화되고 있습니다.

오늘 총장님께서 부족한 저에게 명예 공학박사 학위를 주는 것은 이런 점임을 고려하여, 이공계 후학을 위해 최선의 노력을 다하겠습니다. 끝으로 바쁘신 중에서도 오셔서 자리를 빛내주신 동문 선후배님들과 새벽부터 멀리 서울에서 오신 동문 외 사장님들, 친지 여러분들께도 깊은 감사를 드리며 이것으로 인사에 갈음하겠습니다. 대단히 감사합니다.

2003년 5월 15일

명예 공학박사

학위 수여식

건강하게 오래 살고 싶다면 베풀어라

전국대학발전기금협의회의 초청으로 2006년 6월 제주 서귀포 KAL 호텔에서 특강을 했다. 그 내용을 간략히 정리해 소개한다.

기부의 역사

사람이 언제부터 기부를 하게 되었는지 궁금해 인터넷과 논문을 뒤져 기부의 역사에 대해 찾아보았다. 인간의 역사만큼이나 기부의 역사도 오래 되었다는 사실을 확인할 수 있었다. 구약성서나 신약성서에도 소외된 이웃, 고아, 과부, 나그네를 위한 기부행위가 언급되면서 기부야말로 인간이 해야 하는 가장 중요한 행위라고 기록하고 있었다.

기부는 '삶의 질 향상과 사회적 약자와 소외 계층을 위해 시간과 돈을 자발적으로 주고받는 것'이며 기부 문화는 '사회를 통합하는 역할'을 한다. 빈부 격차를 비롯해 지식과 문화 격차를 줄여주며 우리 사회의 환경과 문화 등 모든 공공재를 유지하고 지키는 데 기여하고 있다.

왜 기부를 하는지 동기도 궁금해졌다. 미국의 자선사업 전문가

닐슨은 기부하게 되는 동기를 일곱 가지로 정리를 했다. 첫째, 이타주의, 즉 남을 위해서 한다. 둘째, 자산 관리의 한 방법으로 셋째, 종교적 박애주의에 입각해서 넷째, 사회적으로 존경 받는 명사가 되기 위해 다섯째, 평소 신념을 실천하기 위해 여섯째, 부모나 사랑하는 자녀를 기념하기 위해 일곱째, 가족 간의 연대를 보존하는 매개로 삼기 위해 기부를 하고 재단을 만든다는 것이다.

어떤 목적을 가졌고, 무슨 마음에서 시작했든지 간에 자신의 재능이나, 재산, 시간을 사회에 희사한다는 것은 대단히 훌륭한 일임이 분명하다.

우리나라에서 기부의 시작은 지금의 세브란스 병원을 있게 한 루이 세브란스 씨로부터 시작되었다. 병원 잡지 'The Korea Review' 1904년 11월호에 그 내용이 자세히 게재되어 있다.

1900년 가을 미국 역사상 처음으로 열린 에큐메니칼 선교 대회에서 에브슨 박사가 '의료 선교 예양'이란 강연을 통해 한국 의료의 낙후성을 알렸다. 그때 강연을 들은 세브란스 씨가 감명을 받아 10,000불을 희사하며 병원 건립을 위해 써달라고 했다,

"세브란스 씨가 이 귀한 선물을 주신 것에 대해 큰 감사를 드립니다. 당신의 선물은 한국의 많은 환자에게 큰 은혜가 될 것이며 우리들을 매우 행복하게 해 주었습니다"

그러자 세브란스가 대답했다.

"그것을 받는 당신이 그것을 주는 나만큼 행복하지 못할 것이며, 나 또한 당신이 기대하는 모든 것이 실현되기를 바랍니다."

마더 데레사 효과

최근 기초생활보장 수급자로 사는 할머니가 어려운 이웃을 위해 써달라며 500만 원을 이웃돕기 성금으로 기부했다는 기사를 읽었다. 이런 기사를 읽으면 나도 모르게 가슴이 뭉클해져 온다. 이런 현상을 '마더 데레사 효과(Therese Effect)'라고 부른다.

봉사하는 모습을 보거나 이야기만 들어도 심리상태가 긍정적으로 변하는 효과다. 그러고 보면 나 아닌 다른 사람을 생각하는 이타적인 마음이야말로 인간을 인간답게 만들어주는 특별한 유전자가 아닐까.

일주일에 한 번 교회에 가긴 하지만 그리 독실한 신자는 아닌 내게도 이타적인 유전자야말로 우리 인간에게 남아 있는 신의 모습일 것이라는 생각이 들었다, 그렇지 않고서야 무엇을 나눈다는 것에서 이렇게 신기한 감정이 일어날 수가 있겠는가.

하나를 주면 없어진 하나만큼 가난해져야 하는데 도리어 두 배, 세 배로 풍성해진다. 이런 기분은 경험하지 않으면 잘 이해하지 못한다. 그래서 기부를 중독이라고 하지 않는가. 누군가에게 선행을 베풀 때 얻게 되는 정신적 만족감이야말로 자신이 가진 것을 나누는 사람들이 받게 되는 가장 큰 선물이다.

헬퍼스 하이

Helpers High

이런 생각을 하게 된 이유도 나 역시 기부를 하면서 건강이 무척 좋아졌기 때문이다. 매일 아침 일어나면 기분이 상쾌하고 컨디션도 좋다. 그러다 보니 지병이었던 심장병도 좋아진 것만 같았다.

나의 몸 상태가 좋아진 것이 단순히 기분 때문일 것으로 생각했는데 과학적으로도 근거가 있었다. 미국의 내과 의사 앨런 룩스가 쓴 '선행의 치유력(Healing Power of Doing Good)'이란 책에 보면 봉사활동을 하는 사람들은 그렇지 않은 사람들보다 스트레스를 훨씬 적게 받는다고 한다. 봉사활동을 하면 심리적 안정감을 얻게 되어 몸에서 엔도르핀이 분비된다. 이 엔도르핀이 단순히 기분만 좋아지게 만드는 것이 아니라 콜레스테롤과 혈압의 수치까지 낮춰 준다니 건강이 좋아질 수밖에 없지 않은가.

1998년 하버드 의과대학의 연구진들은 학생들을 두 그룹으로 나눠 실험했다. 한 그룹은 돈을 주고 노동을 시키고, 다른 한 그룹은 봉사에 참여토록 했다. 실험 결과 봉사에 참여한 그룹의 학생들에게서 면역 기능이 크게 향상되었다는 사실을 밝혀냈다.

미국 미시간 대학교의 스테파니 브라운 박사는 1992년부터 5년간 423명의 노인들을 관찰했다. 그 결과 자신만 아끼고 남을 돕지 않는 사람에 비해 남에게 도움을 주는 노인들이 두 배나 더 오래 사는 것으로 나타났다고 한다.

앨런 룩스는 이런 현상을 '헬퍼스 하이(Helpers High)'라는 용어로 표현했다. 마라톤을 하고 나면 때로 황홀감까지 느끼게 되는 몸의 현상, '러너스 하이(Runners High)'에 빗대어 표현한 것이다. 기부나 봉사를 하다 보면 행복감이나 충만감이 샘물처럼 솟아나는데 그것이 바로 신이 준 선물이 아닐까.

우리나라 기부의 수준은?

뒤늦게 알게 된 이 삶의 비밀을 나는 지인들과 나누고 싶었다. 내 주변에도 자수성가한 친구들이 많은데 기부에는 굉장히 인색했다. 모이면 어떻게 증여세나 양도세를 절세해서 자녀들에게 물려줄 것인가에 대해 고민을 토로했다. 그리고 보상 심리가 작동해서인지 뼈 빠지게 벌었으니 즐겁게 살다 죽으면 된다는 생각이 주류를 이루었다.

그러면서 나를 보곤 "아무나 할 수 없는 일이고, 정말 훌륭하다"며 칭찬을 해주었다. 이런 말을 들을 때마다 '그렇게 훌륭한 일이면 당신도 좀 하면 안 돼?'라고 마음속으로 말하곤 했다. 이들도 기부라는 것이 훌륭한 일인 것은 알지만 기부문화가 정착이 안 된 탓인지 선뜻 마음을 내지 못하는 것 같았다. 무엇인가를 나누는 기쁨이 여행이나 골프보다 더 즐겁다는 사실을 알려줄 길이 없어 답답할 뿐이었다,

사실 우리나라 기부 수준은 최하 수준이다. '2016 세계기부지수(WGI)보고서'에 따르면 전 세계 140개국 가운데 국내총생산(GDP) 순위는 11위인데 기부는 하위권인 75위에 머무른다고 한다. 이는 분쟁국인 이라크(39위)보다 낮은 수준이다.

미국에서는 1년에 2500억 불이 넘는 기부금이 모이는데 그중 80%가 개인이 내는 기부금이라고 한다. 우리 돈으로 환산해보면 1인당 1년에 약 백만 원 정도를 기부하는 셈이다. 이에 비해 우리나라는 1년에 1인당 5만 원 정도라고 하니 소득으로 비교해 보아도 많이 부족한 금액이다.

우리가 잘 아는 빌 게이츠나 워렌 버핏의 롤모델로 불리는 면세점 체인 DFS 창업자인 찰스 피니(86)는 지난 35년간 모은 80억 달러(약 9조 원)의 전 재산을 남몰래 기부했다. 그는 "돈을 정말 좋아하지만, 돈이 내 삶을 움직이지는 못한다."는 신조 아래 15달러짜리 시계를 차고, 집도 차도 없이 지하철을 이용했으며, 비행기도 이코노미석을 고집했다고 한다.

미국의 기업인이자 투자가인 워렌 버핏은 "열정은 성공의 열쇠이고, 성공의 완성은 나눔이다"라고 말했다.

성공하고 싶으면 나누어 주는 사람이 되라고들 얘기한다. 결국 나누어 주는 사람이 성공하게 된다. 부자가 되고 싶으면 나누어야 하고 나눔은 마르지 않는 샘물 같아서 퍼줄수록 새로운 샘물이 넘쳐난다. 이것이 나눔의 비밀이다.

중국 속담을 인용하며 이 글을 마치려한다.

"한 시간 동안의 행복을 원한다면 낮잠을 자고, 하루 동안의 행복을 원한다면 낚시를 하러 가라. 한 달 동안의 행복을 원한다면 결혼을 하고, 1년 동안의 행복을 원한다면 부를 상속받아라. 하지만 평생 행복을 원한다면 다른 이들을 도와라"

국민훈장 모란장을 수훈하다

흩어진 기억의 단편들을 모아 정리하는 게 쉽지 않았지만 모든 일에 최선을 다하자는 매사진선(每事盡善)의 자세로 지나온 삶을 정리하였다. 가난에서 기부로 이어진 삶의 역정에서 어려움도 많았지만 송암 장학생들이 사회 곳곳에서 활동하고 있고, 2020년 10월에는 교육발전에 기여한 공로로 국민훈장 모란장을 수훈하는 등 보람된 일도 있었다. 나의 기부가 대학을 넘어 사회와 국가발전에 기여하고 있다는 사실에 큰 자긍심을 느낀다. 더 많은 이들이 기부활동에 동참하기를 바라는 마음을 담아 대학에서 훈장을 상신할 때 적은 공적 내용을 요약 정리하는 것으로 이 책을 마무리하고자 한다.

이종우 회장은 1938년 태어나 일제 강점기와 6.25 전쟁을 겪으며 힘든 유소년 시절을 보냈습니다. 어려운 환경 속에서도 배움에 대한 열정을 놓지 않고 결혼 후 직장생활(공군 군무원)과 병행하며 주경야독으로 공부한 끝에 1968년 영남대학교 기계공학과를 졸업하였습니다. 1977년 건축자재 전문업체인 (주)한국호머를 설립하여 미국과 일본에서 전량 수입하던 건축자재 수십 종을 국산화해 기술자립을 이루어 국가경제의 성장에도 이바지하였습니다.

기업의 성장과 동시에 기업의 사회적 책임에도 눈을 돌려 인재양성에 필요한 장학사업으로 교육발전에 기여하고자 뜻을 세웠습니다. '모음이 아니라 나눔이 삶을 결정한다'는 신념으로 지금까지 76억 원을 교육 사업에 기부하였습니다. 특히 장학사업이 일회성이 아니라 지속가능할 수 있도록 '송암 이종우장학재단'을 설립하여 서울, 대구, 인천 등 전국의 학생들에게 장학금을 지급했습니다. 또한 KAIST에 '송암 미래 석학 우수 연구상'을 제정하여 3억 원을 기부하였고, 영남대학교 과학도서관 리노베이션 기금으로 50억 원을 기부하는 등 과학교육과 인재양성에 필요한 지원을 아끼지 않았습니다.

서울온수산업단지 관리공단 이사장, KAIST 발전재단 이사, 스포츠 서울 이사를 역임하였고 현재 ㈜한국호머 회장, 학교법인 영남학원 이사. 송암 이종우장학재단 이사장을 맡는 등 다방면에서 교육발전에 기여한 바가 매우 큽니다.

바위에 뿌리내린 소나무